Kuchařka pro vaření pod vákuem

Perfektní recepty pro úžasné jídlo

Jan Novák

obsah

Omeleta z mletého hovězího masa ... 10
Snadná vegetariánská Frittata ... 12
Sendvič s avokádem a vejcem ... 14
Ďábelská vejce ... 15
Vejce natvrdo ... 17
Nakládaná vejce ... 18
Měkká a chilli vejce ... 19
Vejce Benedek ... 20
Míchaná vejce s koprem a kurkumou ... 21
Vařené vejce ... 22
Vejce ve slanině ... 23
Vejce z cherry rajčat ... 24
Pastrami Scramble ... 25
Rajčatová Shakshuka ... 26
Špenátová omeleta ... 27
Omeleta z rukoly a prosciutta ... 28
Zázvorová omeleta z jarní cibulky ... 29
Italské kuřecí prsty ... 30
Cherry kuřecí kousnutí ... 32
Skořicový toast z kaki ... 34
Kuřecí křídla se zázvorem ... 35
Hovězí placičky ... 37
Plněné Collard Greens ... 39
Herby Italská klobása Pannini ... 40

Artyčoky s citronem a česnekem 42

Panko žloutky jsou krokety 43

Chilli hummus 44

Hořčičné paličky 45

Kolečka lilku s pistáciemi 46

Dip ze zeleného hrášku 47

hranolky 48

Krůtí salát s okurkou 49

Zázvorové kuličky 50

Kuličky na kousání tresky 51

Glazovaná baby karotka 53

Horká kuřecí křidélka 54

Muffiny s cibulí a slaninou 55

Bílé víno mušle 57

Tamari Kukuřičný klas 58

Hřebenatky se slaninou 59

Krevetový předkrm 60

Pomazánka z kuřecích jater 61

Zelenina zázvor squash 62

Humří ocasy 63

BBQ tofu 64

Lahodný francouzský toast 65

Sladká a pikantní kachna 66

Sous Vide Nakládaná rebarbora 67

Krůtí masové kuličky 68

Sladká stehna se sušenými rajčaty 69

Adobo kuře 70

Ovocné chorizo "Eat-me" 71
Kuřecí maso a houby v omáčce Marsala 72
Vanilková meruňka s whisky 74
Snadno kořeněný hummus 75
Kaffir Lime bubeníci 77
Mléčná bramborová kaše s rozmarýnem 78
Sladký tofu kebab se zeleninou 79
Dijonský kuřecí řízek 81
Papriky plněné mrkví a vlašskými ořechy 82
Pomerančová kachna s paprikou a tymiánem 84
Krůtí stehno zabalené ve slanině 85
Směs chřestu s estragonem 86
Pikantní steaky z květáku 88
Cayenské bramborové nudličky s majonézovým dresinkem 89
Máslová a sladká kachna 91
Máslové džemy 92
Špenát a houbový quiche 93
Mexická máslová kukuřice 95
Sýrová hruška s vlašskými ořechy 97
Kaše z brokolice a modrého sýra 98
Curry cuketa 99
Batáty s vlašskými ořechy 100
Pikantní nakládaná řepa 101
Kořeněná kukuřice na másle 102
Paprika a rozmarýnové brambory 103
Glazovaný dýňový chléb 104
Pórkové a česnekové vejce 105

Krémový artyčokový dip 106
Ředkvičkový sýrový dip 108
Celerový dip 109
Pikantní BBQ omáčka 110
Peri Peri omáčka 112
Zázvorový sirup 113
Kuřecí vývar 114
Cibulová omáčka Pomodoro 115
Pepřové pyré 116
Jalapeno koření 117
Hovězí polévka 119
Česnek bazalka rub 121
Medový a cibulový balzamikový dresink 122
Rajčatová omáčka 123
Zásoba mořských plodů 124
Rybí polévka 125
Chřestový dresink s hořčicí 126
Rostlinný kmen 128
Česnekový sýr Tabasco Edamame 130
Herby šťouchaný sněhový hrášek 131
Šalvějová restovaná bramborová kaše 133
Máslový chřest s tymiánem a sýrem 135
Lahodný pastinák s medovou polevou 136
Rajčatový krém se sýrovým sendvičem 137
Salát z javorové řepy s kešu oříšky a Queso Fresco 139
Sýrová paprika s květákem 141
Podzimní squashová krémová polévka 143

Polévka z celeru a pórku ... 145
Lemon Collard Zelený salát s borůvkami ... 147
Citrusová kukuřice s rajčatovou omáčkou ... 148
Zázvorová Tamari Růžičková kapusta se sezamem ... 150
Řepný špenátový salát ... 152
Česnek se zelenou mátou ... 154
Růžičková kapusta na bílém víně ... 156
Salát z červené řepy a kozího sýra ... 157
Květáková brokolicová polévka ... 159
Máslový hrášek s mátou ... 161
Růžičková kapusta ve sladkém sirupu ... 162
Ředkvičky s bylinkovým sýrem ... 164
Balsamico dušené zelí ... 165
Pošírovaná rajčata ... 166
Ratatouille ... 167
Rajská polévka ... 169
Dušená řepa ... 171
Lilkové lasagne ... 172
Houbová polévka ... 174
Vegetariánské parmazánové rizoto ... 176
Zelená polévka ... 177
Míchaná zeleninová polévka ... 179
Uzená papriková zelenina Wontons ... 181
Miso z quinoy a celeru ... 183
Salát s ředkvičkou a bazalkou ... 185
Směs papriky ... 186
Koriandrová kurkuma quinoa ... 187

Oregano bílé fazole s 188
Bramborový a datlový salát.. 189
Papriková krupice 191
Směs hroznové zeleniny 192
Pokrm z máty a cizrny 193
Zeleninová Caponata 195
Dušený mangold s limetkou 196
Kaše z kořenové zeleniny 197
Zelí a paprika v rajčatové omáčce 198
Pokrm z hořčice čočky a rajčat 199
Pepřový rýžový pilaf s rozinkami 201
Kmínová polévka s jogurtem 202
Máslový letní squash 204
Čatní z kari zázvoru a nektarinky 206
Konfitované brambory rozmarýnové 208
Kari hruška a kokosový krém 209
Jemné brokolicové pyré 210
Lahodné chutney z datlí a manga 211
Salát z mandarinek a zelených fazolí s vlašskými ořechy 213
Krém ze zeleného hrášku s muškátovým oříškem 214
Jednoduché brokolicové pyré 215
Červená chilli brokolicová polévka 216
Hřebíček miso kukuřice se sezamem a medem 218
Krémové noky s hráškem 220
Medový salát s jablky a rukolou 221

Omeleta z mletého hovězího masa

Příprava + doba vaření: 35 minut | Porce: 3

Ingredience:

1 šálek libového mletého hovězího masa
¼ šálku jemně nakrájené cibule
¼ lžičky sušeného tymiánu, mletého
½ lžičky sušeného oregana, mletého
Sůl a černý pepř podle chuti
1 lžíce olivového oleje

Trasa:

Na pánvi na středním plameni rozehřejte olej. Přidejte cibuli a za stálého míchání opékejte asi 3-4 minuty, nebo dokud nebude průsvitná. Přidejte mleté hovězí maso a za občasného míchání vařte 5 minut. Posypeme solí, pepřem, tymiánem a oreganem. Dobře promíchejte a vařte další minutu. Sundejte z plotny a dejte stranou.

Připravte si vodní lázeň a umístěte do ní Sous Vide. Nastavte na 170F. Vejce rozklepněte ve střední misce a nalijte do vakuově uzavíratelného sáčku. Přidejte směs mletého hovězího masa. Uvolněte vzduch pomocí metody vytlačení vody a utěsněte sáček.

Ponořte sáček do vodní lázně a nastavte časovač na 15 minut. Pomocí rukavice masírujte sáček každých 5 minut, abyste zajistili rovnoměrné vaření. Když se časovač zastaví, vyjměte sáček z vodní lázně a přeneste omeletu na servírovací talíř.

Snadná vegetariánská Frittata

Příprava + doba vaření: 1 hodina 40 minut | Porce: 5

Ingredience

1 lžíce olivového oleje

1 střední cibule, jemně nakrájená

Sůl podle chuti

4 stroužky prolisovaného česneku

1 daikon, oloupaný a nakrájený na kostičky

2 mrkve, oloupané a nakrájené na kostičky

1 pastinák, oloupaný a nakrájený na kostičky

1 šálek máslové dýně, oloupané a nakrájené na kostičky

6 uncí hlívy ústřičné, nakrájené

¼ šálku listů petržele, čerstvě nasekaných

Špetka vloček červené papriky

5 velkých vajec

¼ šálku plnotučného mléka

Trasy

Připravte si vodní lázeň a umístěte do ní Sous Vide. Nastaveno na 175F. Namažte některé lahve olejem. Dáš to stranou, ignoruješ to.

Rozpalte pánev s olejem na vysokou teplotu. Přidejte červenou cibuli na 5 minut. Přidejte česnek a vařte 30 sekund. Dochutíme solí. Smíchejte mrkev, daikon, squash a pastinák. Dochuťte solí a vařte dalších 10 minut. Přidejte houby a ochuťte pepřem a petrželkou. Vařte 5 minut.

V míse rozklepneme vejce a mléko, osolíme. Směs rozdělte mezi sklenice se zeleninou. Sklenice uzavřete a ponořte do vodní lázně. Vařte 60 minut. Když se časovač zastaví, vyjměte láhve. Nechte vychladnout a podávejte.

Sendvič s avokádem a vejcem

Příprava + doba vaření: 70 minut | Porce: 4

Ingredience:

8 plátků chleba
4 vejce
1 avokádo
1 lžička papriky
4 lžičky holandské omáčky
1 lžíce nasekané petrželky
Sůl a černý pepř podle chuti

Trasa:

Připravte si vodní lázeň a umístěte do ní Sous Vide. Nastaveno na 145F. Z avokáda vydlabejte dužinu a rozmačkejte ji. Vmícháme omáčku a koření. Vejce vložte do vakuově uzavíratelného sáčku. Uvolněte vzduch pomocí metody vytlačení vody, utěsněte a ponořte sáček do vodní lázně. Nastavte časovač na 1 hodinu.

Když je hotovo, ihned ji vložte do ledové lázně, aby vychladla. Oloupejte a nakrájejte vejce. Polovinu vaječných plátků potřete avokádovým pyré a potřete plátky vajec. Nahoru položte zbývající plátky chleba.

Ďábelská vejce

Příprava + doba vaření: 75 minut | Porce: 6

Ingredience:

6 vajec
Šťáva z 1 citronu
2 lžíce nasekané petrželky
1 rajče, mleté
2 lžíce mletých černých oliv
1 lžíce jogurtu
1 lžíce olivového oleje
1 lžička hořčice
1 lžička chilli prášek

Trasa:

Připravte si vodní lázeň a umístěte do ní Sous Vide. Nastavte na 170F. Vejce vložte do vakuově uzavíratelného sáčku. Uvolněte vzduch pomocí metody vytlačení vody, utěsněte a ponořte sáček do vodní lázně. Nastavte časovač na 1 hodinu.

Po dokončení vyjměte sáček a vložte jej do ledové lázně, aby vychladl a sloupněte. Rozkrojte ho napůl a vydlabejte žloutek. Ke žloutku přidáme zbytek ingrediencí a promícháme. Směsí naplňte vejce.

Vejce natvrdo

Příprava + doba vaření: 1 hodina 10 minut | Porce: 3

Ingredience:

3 velká vejce
Ledová koupel

Trasa:

Připravte vodní lázeň, vložte Sous Vide a nastavte na 165F. Vložte vejce do vodní lázně a nastavte časovač na 1 hodinu.

Když se časovač zastaví, přemístěte vejce do ledové lázně. Oloupejte vejce. Podáváme jako svačinu nebo do salátů.

Nakládaná vejce

Příprava + doba vaření: 2 hodiny 10 minut | Porce: 6

Ingredience:

6 vajec
1 polévková lžíce pepře
Šťáva z krabice řepy
1 šálek octa
½ lžíce soli
2 stroužky česneku
1 bobkový list
¼ šálku cukru

Trasa:

Připravte si vodní lázeň a umístěte do ní Sous Vide. Nastavte na 170F. Vejce opatrně ponořte do vody a vařte 1 hodinu. Pomocí děrované lžíce je přendejte do velké mísy s ledovou vodou a nechte je několik minut vychladnout. Oloupejte ji a vložte do 1litrové zednické nádoby s odklápěcím víkem.

Smíchejte ostatní ingredience v malé misce. Zalijeme vejci, uzavřeme a ponoříme do lázně. Vařte 1 hodinu. Vyjměte misku z vodní lázně a ochlaďte na pokojovou teplotu.

Měkká a chilli vejce

Příprava + doba vaření: 60 minut | Porce: 5

Ingredience:

1 lžíce chilli prášku
5 vajec
Sůl a černý pepř podle chuti

Trasa:

Připravte si vodní lázeň a umístěte do ní Sous Vide. Nastaveno na 147F. Vejce vložte do vakuově uzavíratelného sáčku. Uvolněte vzduch metodou vytlačení vody, utěsněte a ponořte do vany. Vařte 50 minut.

Jakmile se časovač zastaví, vyjměte sáček a vložte jej do ledové lázně, kde se ochladí a ztuhne. Vejce posypeme kořením a podáváme.

Vejce Benedek

Příprava + doba vaření: 70 minut | Porce: 4

Ingredience:

4 vejce
3 unce slaniny, nakrájené na plátky
5 lžic holandské omáčky
4 sušenkové muffiny
Sůl a černý pepř podle chuti

Trasa:

Připravte si vodní lázeň a umístěte do ní Sous Vide. Nastavte na 150F. Vejce vložte do vakuově uzavíratelného sáčku. Uvolněte vzduch pomocí metody vytlačení vody, utěsněte a ponořte sáček do vodní lázně. Nastavte časovač na 1 hodinu.

Jakmile se časovač zastaví, vyjměte sáček a oddělte jej. Vejce oloupeme a položíme na muffiny. Zalijeme omáčkou a posypeme solí a pepřem. Navrch dáme slaninu.

Míchaná vejce s koprem a kurkumou

Příprava + doba vaření: 35 minut | Porce: 8

Ingredience:

8 vajec
1 polévková lžíce prášku z kurkumy
¼ šálku kopru
1 lžička soli
Špetka papriky

Trasa:

Připravte si vodní lázeň a umístěte do ní Sous Vide. Nastaveno na 165F. Vejce rozšleháme v míse s ostatními surovinami. Přeneste do vakuově uzavíratelného sáčku. Uvolněte vzduch pomocí metody vytlačení vody, utěsněte a ponořte sáček do vodní lázně. Nastavte časovač na 15 minut.

Jakmile se časovač zastaví, vyjměte sáček a jemně jej masírujte, aby došlo k nastavení. Vařte dalších 15 minut. Opatrně vyjměte sáček z vody. Podávejte teplé.

Vařené vejce

Příprava + doba vaření: 65 minut | Porce: 4

Ingredience:

4 šálky vody

4 vejce paprika

1 polévková lžíce majonézy

Sůl a černý pepř podle chuti

Trasa:

Připravte si vodní lázeň a umístěte do ní Sous Vide. Nastaveno na 145F. Vejce vložte do vakuově uzavíratelného sáčku. Uvolněte vzduch metodou vytlačení vody, zavřete a ponořte lázeň. Nastavte časovač na 55 minut.

Jakmile se časovač zastaví, vyjměte sáček a přeneste do ledové lázně, kde se ochladí a oloupe. Mezitím si na pánvi dejte vařit vodu. Přidejte oloupaná vejce a vařte jednu minutu. Zatímco se vejce vaří, smícháme ostatní ingredience. Potřeme vejci.

Vejce ve slanině

Příprava + doba vaření: 7 hodin 15 minut | Porce: 4

Ingredience:

4 vařená vejce

1 lžička másla

7 uncí slaniny, nakrájené na plátky

1 lžíce dijonské hořčice

4 unce mozzarelly, nakrájené na plátky

Sůl a černý pepř podle chuti

Trasa:

Připravte si vodní lázeň a umístěte do ní Sous Vide. Nastavte na 140F. Slaninu utřeme s máslem a opepříme. Na každé vejce položte plátek sýra mozzarella a vejce a sýr obalte ve slanině.

Potřete hořčicí a vložte do vakuově uzavíratelného sáčku. Uvolněte vzduch pomocí metody vytlačení vody, utěsněte a ponořte sáček do vodní lázně. Nastavte časovač na 7 hodin. Když se časovač zastaví, vyjměte sáček a přeneste jej na talíř. Podávejte teplé.

Vejce z cherry rajčat

Příprava + doba vaření: 40 minut | Porce: 6

Ingredience:

10 vajec
1 šálek cherry rajčat, napůl
2 lžíce zakysané smetany
1 lžíce pažitky
½ šálku mléka
½ lžičky muškátového oříšku
1 lžička másla
1 lžička soli

Trasa:

Připravte si vodní lázeň a umístěte do ní Sous Vide. Nastavte na 170F.

Cherry rajčata vložte do velkého vakuově uzavíratelného sáčku. Vejce rozšleháme s ostatními surovinami a nalijeme na rajčata. Uvolněte vzduch pomocí metody vytlačení vody, utěsněte a ponořte sáček do vodní lázně. Nastavte časovač na 30 minut. Až budete připraveni, vyjměte sáček a přeneste na talíř.

Pastrami Scramble

Příprava + doba vaření: 25 minut | Porce: 3

Ingredience:

6 vajec
½ šálku pastrami
2 lžíce husté smetany
Sůl a černý pepř podle chuti
2 lžíce másla, rozpuštěného
3 plátky toastu

Trasa:

Připravte si vodní lázeň a umístěte do ní Sous Vide. Nastaveno na 167F. Smíchejte máslo, vejce, smetanu a koření ve vakuově uzavíratelném sáčku. Uvolněte vzduch pomocí metody vytlačení vody, utěsněte a ponořte sáček do vodní lázně. Nastavte časovač na 15 minut. Když se časovač zastaví, vyjměte sáček a přeneste vejce na talíř. Podávejte na toastu.

Rajčatová Shakshuka

Příprava + doba vaření: 2 hodiny 10 minut | Porce: 3

Ingredience:

28 oz plechovka drcených rajčat

6 vajec

1 lžička papriky

2 stroužky česneku, nasekané

Sůl a černý pepř podle chuti

2 lžičky kmínu

¼ šálku mletého koriandru

Trasa:

Připravte si vodní lázeň a umístěte do ní Sous Vide. Nastaveno na 148F. Vejce vložte do vakuově uzavíratelného sáčku. Uvolněte vzduch pomocí metody vytlačení vody, utěsněte a ponořte sáček do vodní lázně. Smíchejte zbytek ingrediencí v dalším vakuovém sáčku. Nastavte časovač na 2 hodiny.

Rajčatovou omáčku rozdělte do tří misek. Když se časovač zastaví, vyjměte sáček. Oloupejte vejce a dejte 2 do každé misky.

Špenátová omeleta

Příprava + doba vaření: 20 minut | Porce: 2

Ingredience:

4 velká vejce, rozšlehaná

¼ šálku řeckého jogurtu

¾ šálku čerstvého špenátu, nakrájeného

1 lžíce másla

¼ šálku sýra čedar, strouhaného

¼ lžičky soli

Trasa:

Připravte vodní lázeň, vložte Sous Vide a nastavte na 165F. Rozklepněte vejce ve střední misce. Vmícháme jogurt, sůl a sýr. Směs vložte do vakuově uzavíratelného sáčku a uzavřete. Ponořte sáček do vodní lázně. Vařte 10 minut.

Na pánvi na středním plameni rozpustíme máslo. Přidejte špenát a vařte 5 minut. Dáš to stranou, ignoruješ to. Když se časovač zastaví, vyjměte sáček a přeneste vejce na servírovací talíř. Potřete špenátem a přiklopte omeletu.

Omeleta z rukoly a prosciutta

Příprava + doba vaření: 25 minut | Porce: 2

Ingredience:

4 tenké plátky prosciutta

5 velkých vajec

¼ šálku čerstvé rukoly, jemně nasekané

¼ šálku nakrájeného avokáda

Sůl a černý pepř podle chuti

Trasa:

Připravte vodní lázeň, vložte Sous Vide a nastavte na 167F. Vejce rozšleháme s rukolou, osolíme a opepříme. Přeneste do vakuově uzavíratelného sáčku. Stisknutím odstraníte vzduch a poté zavřete víko. Vařte 15 minut. Když se časovač zastaví, vyjměte sáček, otevřete jej a položte omeletu na talíř a položte na ni plátky avokáda a prosciutto.

Zázvorová omeleta z jarní cibulky

Příprava + doba vaření: 20 minut | Porce: 2

Ingredience:

8 vajec z volného chovu, rozšlehaných
½ šálku jarní cibulky
1 lžička zázvoru, čerstvě nastrouhaného
1 lžíce extra panenského olivového oleje
Sůl a černý pepř podle chuti

Trasa:

Připravte vodní lázeň, vložte Sous Vide a nastavte na 165F.

Ve střední misce rozšlehejte vejce, zázvor, sůl a pepř. Přeneste směs do vakuově uzavíratelného sáčku a uzavřete. Ponořte sáček do vodní lázně. Vařte 10 minut.

Na pánvi na středním plameni rozehřejte olej. Jarní cibulku opékejte 2 minuty. Když se časovač zastaví, vyjměte sáček, otevřete jej a vyjměte omeletu na talíř. Nakrájejte ji na tenké plátky, navrch dejte cibuli a omeletu podávejte přeloženou.

Italské kuřecí prsty

Příprava + doba vaření: 2 hodiny 20 minut | Porce: 3

Ingredience:

1 kilo kuřecích prsou bez kostí a kůže
1 hrnek mandlové mouky
1 lžička mletého česneku
1 lžička soli
½ lžičky kajenského pepře
2 lžičky směsi italských bylinek
¼ lžičky černého pepře
2 vejce, rozšlehaná
¼ šálku olivového oleje

Trasa:

Maso opláchněte pod tekoucí studenou vodou a osušte papírovou utěrkou. Okořeníme směsí italských bylinek a dáme do velké vakuové zavařovací nádoby. Uzavřete sáček a vařte v sous vide po dobu 2 hodin při 167F. Vyjměte z vodní lázně a dejte stranou.

Nyní v míse smíchejte mouku, sůl, kajenský pepř, italské bylinky a pepř a dejte stranou. Vejce rozklepněte v samostatné misce a dejte stranou.

Ve velké pánvi na středním plameni rozehřejte olivový olej. Kuře namočíme do rozšlehaného vejce a obalíme v moučné směsi. Smažte na obou stranách po dobu 5 minut nebo do zlatohnědé.

Cherry kuřecí kousnutí

Příprava + doba vaření: 1 hodina 40 minut | Porce: 3

Ingredience:

1 kilo kuřecích prsou, bez kostí a kůže, nakrájené na kousky velikosti sousta
1 šálek červené papriky, nakrájené na kostičky
1 šálek zelené papriky, nakrájené na kostičky
1 šálek cherry rajčat, celých
1 šálek olivového oleje
1 lžička italské směsi koření
1 lžička kajenského pepře
½ lžičky sušeného oregana
Sůl a černý pepř podle chuti

Trasa:

Maso opláchněte pod tekoucí studenou vodou a osušte papírovou utěrkou. Nakrájejte na kousky velikosti sousta a dejte stranou. Papriku omyjeme a nakrájíme na kostičky. Cherry rajčata omyjte a odstraňte zelené stonky. Dáš to stranou, ignoruješ to.

V misce smíchejte olivový olej s italským kořením, kajenským pepřem, solí a pepřem.

Míchejte, dokud se dobře nezapracuje. Přidáme maso a dobře potřeme marinádou. Odstavte na 30 minut, aby se chutě spojily a pronikly do masa.

Maso a zeleninu vložte do velkého vakuově uzavíratelného sáčku. Přidejte tři lžíce marinády a sáček uzavřete. Vařte v sous vide po dobu 1 hodiny při 149F.

Skořicový toast z kaki

Příprava + doba vaření: 4 hodiny 10 minut | Porce: 6

Ingredience:

4 plátky chleba, opečené
4 kaki, nakrájené
3 lžíce cukru
½ lžičky skořice
2 lžíce pomerančové šťávy
½ lžičky vanilkového extraktu

Trasa:

Připravte si vodní lázeň a umístěte do ní Sous Vide. Nastavte na 155F.

Tomel vložte do vakuově uzavíratelného sáčku. Přidejte pomerančovou šťávu, vanilkový extrakt, cukr a skořici. Sáček uzavřete a dobře protřepejte, aby se kousky tomelu obalily. Uvolněte vzduch pomocí metody vytlačení vody, utěsněte a ponořte sáček do vodní lázně. Nastavte časovač na 4 hodiny.

Jakmile se časovač zastaví, vyjměte sáček a přeneste tomel do kuchyňského robotu. Mixujte do hladka. Směs kaki natřeme na toastový chléb.

Kuřecí křídla se zázvorem

Příprava + doba vaření: 2 hodiny 25 minut | Porce: 4

Ingredience:

2 kila kuřecích křídel
¼ šálku extra panenského olivového oleje
4 stroužky česneku
1 lžíce rozmarýnových listů, nasekaných
1 lžička bílého pepře
1 lžička kajenského pepře
1 lžíce čerstvého tymiánu, nasekaného
1 lžíce čerstvého zázvoru, nastrouhaného
¼ šálku limetkové šťávy
½ šálku jablečného octa

Trasa:

Kuřecí křídla opláchněte pod tekoucí studenou vodou a nechte okapat ve velkém cedníku.

Ve velké misce smíchejte olivový olej s česnekem, rozmarýnem, bílým pepřem, kajenským pepřem, tymiánem, zázvorem, limetkovou šťávou a jablečným octem. Křídla ponoříme do této směsi a přikryjeme. Dejte na hodinu do lednice.

Křídla spolu s marinádou přendejte do velkého vakuově uzavíratelného sáčku. Uzavřete sáček a vařte v sous vide po dobu 1 hodiny 15 minut při 149F. Před podáváním vyjměte z vakuově uzavíratelného sáčku a toasty. Podávejte a užívejte si!

Hovězí placičky

Příprava + doba vaření: 1 hodina 55 minut | Porce: 4

Ingredience:

1 kilo libového mletého hovězího masa
1 vejce
2 lžíce mandlí, jemně nasekaných
2 lžíce mandlové mouky
1 šálek cibule, nakrájené
2 stroužky česneku, rozdrcené
¼ šálku olivového oleje
Sůl a černý pepř podle chuti
¼ šálku petrželových listů, nasekaných

Trasa:

V míse smícháme mleté hovězí s nadrobno nakrájenou cibulí, česnekem, olejem, solí, pepřem, petrželkou a mandlemi. Dobře promíchejte vidličkou, poté postupně přidejte trochu mandlové mouky.

Rozklepněte vejce a dejte na 40 minut do lednice. Vyjměte maso z lednice a opatrně vytvarujte placičky o tloušťce asi palce a průměru asi 4 palce. Vložte do dvou samostatných vakuově uzavřených sáčků a vařte v sous vide po dobu jedné hodiny při 129F.

Plněné Collard Greens

Příprava + doba vaření: 65 minut | Porce: 3

Ingredience:

1 kilo zeleného koření, dušené
1 kilo libového mletého hovězího masa
1 malá cibule, nakrájená nadrobno
1 lžíce olivového oleje
Sůl a černý pepř podle chuti
1 lžička čerstvé máty, jemně nasekané

Trasa:

Vařte velký hrnec vody a přidejte zeleninu. Krátce povařte 2-3 minuty. Sceďte a opatrně zelí vymačkejte, poté dejte stranou.

Ve velké míse smíchejte mleté hovězí maso, cibuli, olej, sůl, pepř a mátu. Dobře promíchejte, dokud se nezapracuje. Umístěte listy na pracovní plochu tak, aby žilky směřovaly nahoru. Použijte lžíci masové směsi a položte na spodní střed každého listu. Sklopte strany nahoru a pevně srolujte. Zastrčte strany dovnitř a opatrně přeneste do velkého vakuového sáčku. Uzavřete sáček a vařte v sous vide po dobu 45 minut při 167F.

Herby Italská klobása Pannini

Příprava + doba vaření: 3 hodiny 15 minut | Porce: 4

Ingredience

1 kilo italské klobásy
1 červená paprika, nakrájená na plátky
1 žlutá paprika, nakrájená na plátky
1 cibule, nakrájená
1 stroužek česneku, nasekaný
1 šálek rajčatové šťávy
1 lžička sušeného oregana
1 lžička sušené bazalky
1 lžička olivového oleje
Sůl a černý pepř podle chuti
4 krajíce chleba

Trasy

Připravte si vodní lázeň a umístěte do ní Sous Vide. Nastaveno na 138F.

Vložte klobásu do vakuově uzavřeného sáčku. Do každého sáčku přidejte česnek, bazalku, cibuli, pepř, rajčatovou šťávu a oregano. Pomocí metody vytěsňování vody uvolněte vzduch, utěsněte a ponořte sáčky do vodní lázně. Vařte 3 hodiny.

Když se časovač zastaví, vyjměte klobásy a přesuňte je na rozpálenou pánev. Smažte je 1 minutu z každé strany. Dáš to stranou, ignoruješ to. Přidejte zbytek ingrediencí do pánve, dochuťte solí a pepřem. Vařte, dokud se voda neodpaří. Klobásy a ostatní přísady podávejte mezi chlebem.

Artyčoky s citronem a česnekem

Příprava + doba vaření: 2 hodiny 15 minut | Porce: 5

Ingredience:

3 artyčoky
Šťáva ze 3 citronů
1 lžíce hořčice
5 stroužků česneku, mletého
1 lžíce nasekané zelené cibule
4 lžíce olivového oleje

Trasa:

Připravte si vodní lázeň a umístěte do ní Sous Vide. Nastaveno na 195F. Artyčoky omyjeme a oddělíme. Vložte jej do plastové misky. Přidejte ostatní ingredience a dobře protřepejte. Veškerou směs vložte do plastového sáčku. Uzavřete a ponořte sáček do vodní lázně. Nastavte časovač na 2 hodiny.

Když se časovač zastaví, vyjměte sáček a grilujte jednu minutu na každé straně.

Panko žloutky jsou krokety

Příprava + doba vaření: 60 minut | Porce: 5

Ingredience:

2 vejce plus 5 žloutků
1 hrnek panko strouhanky
3 lžíce olivového oleje
5 lžic mouky
¼ lžičky italského koření
½ lžičky soli
¼ lžičky papriky

Trasa:

Připravte si vodní lázeň a umístěte do ní Sous Vide. Nastavte na 150F. Vložte žloutky do vody (bez sáčku nebo hrnku) a vařte 45 minut, v polovině otočte. Necháme trochu vychladnout. Vejce rozšleháme se zbytkem ingrediencí kromě oleje. Žloutek namočte do vaječno-panko směsi.

Na pánvi rozehřejte olej. Smažte žloutky do zlatova během několika minut z každé strany.

Chilli hummus

Příprava + doba vaření: 4 hodiny 15 minut | Porce: 9)

Ingredience:

16 uncí cizrny, namočené přes noc a scezené
2 stroužky česneku, nasekané
1 lžička sriracha
¼ lžičky chilli prášku
½ lžičky chilli vloček
½ šálku olivového oleje
1 polévková lžíce soli
6 šálků vody

Trasa:

Připravte si vodní lázeň a umístěte do ní Sous Vide. Nastaveno na 195F. Vložte cizrnu a vodu do plastového sáčku. Uvolněte vzduch pomocí metody vytlačení vody, utěsněte a ponořte sáček do vodní lázně. Nastavte časovač na 4 hodiny.

Když se časovač zastaví, vyjměte sáček, slijte vodu a přesuňte cizrnu do kuchyňského robotu. Přidejte zbytek ingrediencí. Mixujte do hladka.

Hořčičné paličky

Příprava + doba vaření: 1 hodina | Porce: 5

Ingredience:

2 kila kuřecích stehýnek
¼ šálku dijonské hořčice
2 stroužky česneku, rozdrcené
2 polévkové lžíce kokosových aminokyselin
1 lžička růžové himalájské soli
½ lžičky černého pepře

Trasa:

Opláchněte spoj pod studenou tekoucí vodou. Sceďte ve velkém cedníku a dejte stranou.

V malé misce smíchejte Dijon s prolisovaným česnekem, kokosovými aminy, solí a pepřem. Směs naneste na maso kuchyňským kartáčem a vložte do velkého vakuově uzavíratelného sáčku. Uzavřete sáček a vařte v sous vide po dobu 45 minut při 167F.

Kolečka lilku s pistáciemi

Příprava + doba vaření: 8 hodin 10 minut | Porce: 8

Ingredience:

3 lilky, nakrájené na plátky
¼ šálku drcených pistácií
1 lžíce miso
1 lžíce mirin
2 lžičky olivového oleje
1 lžička pažitky
Sůl a černý pepř podle chuti

Trasa:

Připravte si vodní lázeň a umístěte do ní Sous Vide. Nastaveno na 185F.

Smíchejte olej, mirin, pažitku, miso a pepř. Touto směsí potřete plátky lilku. Vložte do jednovrstvého vakuově uzavíratelného sáčku a položte na něj pistácie. Postup opakujte, dokud nespotřebujete všechny ingredience. Uvolněte vzduch pomocí metody vytlačení vody, utěsněte a ponořte sáček do vodní lázně. Nastavte časovač na 8 hodin. Když se časovač zastaví, vyjměte sáček a talíř.

Dip ze zeleného hrášku

Příprava + doba vaření: 45 minut | Porce: 8

Ingredience:

2 šálky zeleného hrášku
3 lžíce husté smetany
1 lžíce estragonu
1 stroužek česneku
1 lžička olivového oleje
Sůl a černý pepř podle chuti
¼ šálku nakrájených jablek

Trasa:

Připravte si vodní lázeň a umístěte do ní Sous Vide. Nastaveno na 185F. Všechny ingredience vložte do vakuově uzavíratelného sáčku. Uvolněte vzduch pomocí metody vytlačení vody, utěsněte a ponořte sáček do vodní lázně. Nastavte časovač na 32 minut. Když se časovač zastaví, vyjměte sáček a tyčovým mixérem rozmixujte do hladka.

hranolky

Doba přípravy + vaření: 45 | Porce: 6

Ingredience:

3 kila brambor, nakrájené na plátky
5 šálků vody
Sůl a černý pepř podle chuti
¼ lžičky jedlé sody

Trasa:

Připravte si vodní lázeň a umístěte do ní Sous Vide. Nastaveno na 195F.

Vložte bramborové měsíčky, vodu, sůl a jedlou sodu do vakuově uzavíratelného sáčku. Uvolněte vzduch pomocí metody vytlačení vody, utěsněte a ponořte sáček do vodní lázně. Nastavte časovač na 25 minut.

Mezitím rozehřejte olej na pánvi na středním plameni. Když se časovač zastaví, vyjměte bramborové klínky z nálevu a osušte je. Smažíme na oleji několik minut do zlatohněda.

Krůtí salát s okurkou

Příprava + doba vaření: 2 hodiny 20 minut | Porce: 3

Ingredience:

1 kilo krůtích prsou nakrájených na plátky
½ šálku kuřecího vývaru
2 stroužky česneku, nasekané
2 lžíce olivového oleje
1 lžička soli
¼ lžičky kajenského pepře
2 bobkové listy
1 středně velké rajče, nakrájené
1 velká červená paprika, nakrájená
1 středně velká okurka
½ lžičky italského koření

Trasa:

Krůtu ochutíme solí a kajenským pepřem. Vložte do vakuového tmelu spolu s kuřecím vývarem, česnekem a bobkovými listy. Uzavřete sáček a vařte v Sous Vide 2 hodiny při 167F. Vyjměte a dejte stranou. Zeleninu dejte do velké mísy a přidejte krůtu. Smícháme s italským kořením a olivovým olejem. Dobře promícháme a ihned podáváme.

Zázvorové kuličky

Příprava + doba vaření: 1 hodina 30 minut | Porce: 3

Ingredience:

1 kilo mletého hovězího masa
1 šálek cibule, nakrájené
3 lžíce olivového oleje
¼ šálku čerstvého koriandru, nasekaného
¼ šálku čerstvé máty, jemně nasekané
2 lžičky zázvorové pasty
1 lžička kajenského pepře
2 lžičky soli

Trasa:

Ve velké misce smíchejte mleté hovězí maso, cibuli, olivový olej, koriandr, mátu, koriandr, zázvorovou pastu, kajenský pepř a sůl. Vytvarujte placičky a dejte na 15 minut do chladu. Vyjměte z chladničky a přeneste do samostatných vakuově uzavřených sáčků. Vařte v Sous Vide 1 hodinu při 154F.

Kuličky na kousání tresky

Příprava + doba vaření: 105 minut | Porce: 5

Ingredience:

12 uncí mleté tresky

2 unce chleba

1 lžíce másla

¼ šálku mouky

1 lžíce krupice

2 polévkové lžíce vody

1 lžíce mletého česneku

Sůl a černý pepř podle chuti

¼ lžičky papriky

Trasa:

Připravte si vodní lázeň a umístěte do ní Sous Vide. Nastavte na 125F.

Smíchejte chléb a vodu a směs rozmačkejte. Přidejte zbytek ingrediencí a dobře promíchejte. Ze směsi tvarujte kuličky.

Postříkejte pánev sprejem na vaření a koule opékejte na středním ohni asi 15 sekund z každé strany, dokud lehce nezhnědnou. Sousta tresky vložte do vakuově uzavíratelného sáčku. Uvolněte vzduch pomocí metody vytlačení vody, utěsněte a ponořte sáček do vodní lázně. Nastavte časovač na 1 hodinu 30 minut. Když se časovač zastaví, vyjměte sáček a odkryjte kousnutí tresky. Slouží.

Glazovaná baby karotka

Příprava + doba vaření: 3 hodiny 10 minut | Porce: 4

Ingredience:

1 šálek baby mrkve
4 lžíce hnědého cukru
1 šálek nakrájené šalotky
1 lžíce másla
Sůl a černý pepř podle chuti
1 lžíce kopru

Trasa:

Připravte si vodní lázeň a umístěte do ní Sous Vide. Nastaveno na 165F. Všechny ingredience vložte do vakuově uzavíratelného sáčku. Protřepat do kabátu. Uvolněte vzduch metodou vytěsňování vody, utěsněte a ponořte do vodní lázně. Nastavte časovač na 3 hodiny. Když se časovač zastaví, vyjměte sáček. Podávejte teplé.

Horká kuřecí křidélka

Příprava + doba vaření: 4 hodiny 15 minut | Porce: 4

Ingredience:

2 kila kuřecích křídel
½ tyčinky másla, rozpuštěného
¼ šálku horké červené omáčky
½ lžičky soli

Trasa:

Připravte si vodní lázeň a umístěte do ní Sous Vide. Nastavte na 170F. Kuře osolte a vložte do 2 vakuově uzavřených sáčků. Uvolněte vzduch metodou vytlačení vody, utěsněte a ponořte do vany. Vařte 4 hodiny. Po dokončení vyjměte sáčky. Vyšleháme omáčku a máslo. Křídla promícháme se směsí.

Muffiny s cibulí a slaninou

Příprava + doba vaření: 3 hodiny 45 minut | Porce: 5

Ingredience:

1 cibule, nakrájená
6 uncí slaniny, nakrájené na kostičky
1 šálek mouky
4 lžíce másla, rozpuštěného
1 vejce
1 lžička jedlé sody
1 polévková lžíce octa
¼ lžičky soli

Trasa:

Připravte si vodní lázeň a umístěte do ní Sous Vide. Nastaveno na 196F.

Mezitím si na pánvi na středním plameni opečte slaninu do křupava. Přendáme do mísy a k tuku ze slaniny přidáme cibuli a několik minut restujeme do změknutí.

Přendejte do mísy a vmíchejte zbytek ingrediencí. Těsto na muffiny rozdělte do 5 malých skleniček. Ujistěte se, že jej nenaplníte více než do poloviny. Umístěte sklenice do vodní lázně a nastavte časovač na 3 hodiny a 30 minut. Když se časovač zastaví, vyjměte sklenice a podávejte.

Bílé víno mušle

Příprava + doba vaření: 1 hodina 20 minut | Porce: 3

Ingredience:

1 libra čerstvých škeblí
3 lžíce extra panenského olivového oleje
1 šálek cibule, nakrájené
¼ šálku čerstvé petrželky, jemně nasekané
3 lžíce čerstvého tymiánu, nasekaného nadrobno
1 lžička citronové kůry
1 šálek suchého bílého vína

Trasa:

Na středně velké pánvi rozehřejte olej. Přidejte cibuli a za stálého míchání smažte, dokud nebude průhledná. Přidejte citronovou kůru, petržel a tymián. Dobře promíchejte a přendejte do vakuově uzavíratelného sáčku. Přidejte škeble a šálek suchého bílého vína. Uzavřete sáček a vařte v Sous Vide 40 minut při 104F.

Tamari Kukuřičný klas

Příprava + doba vaření: 3 hodiny 15 minut | Porce: 8

Ingredience:

1 libra kukuřičného klasu
1 lžíce másla
¼ šálku tamari omáčky
2 lžíce miso pasty
1 lžička soli

Trasa:

Připravte si vodní lázeň a umístěte do ní Sous Vide. Nastaveno na 185F.

Smíchejte tamari, máslo, miso a sůl. Vložte kukuřici do plastového sáčku a zalijte směsí. Protřepat do kabátu. Uvolněte vzduch pomocí metody vytlačení vody, utěsněte a ponořte sáček do vodní lázně. Nastavte časovač na 3 hodiny. Když se časovač zastaví, vyjměte sáček. Podávejte teplé.

Hřebenatky se slaninou

Příprava + doba vaření: 50 minut | Porce: 6

Ingredience:

10 oz mušle
3 unce slaniny, nakrájené na plátky
½ cibule, nastrouhaná
½ lžičky bílého pepře
1 lžíce olivového oleje

Trasa:

Připravte si vodní lázeň a umístěte do ní Sous Vide. Nastavte na 140F.

Vršek mušle posypeme nastrouhanou cibulí a obalíme plátky slaniny. Posypeme bílým pepřem a pokapeme olejem. Vložte do plastového sáčku. Uvolněte vzduch pomocí metody vytlačení vody, utěsněte a ponořte sáček do vodní lázně. Nastavte časovač na 35 minut. Když se časovač zastaví, vyjměte sáček. Slouží.

Krevetový předkrm

Příprava + doba vaření: 75 minut | Porce: 8

Ingredience:

1 libra krevet
3 lžíce sezamového oleje
3 lžíce citronové šťávy
½ šálku petrželky
Sůl a bílý pepř podle chuti

Trasa:

Připravte si vodní lázeň a umístěte do ní Sous Vide. Nastavte na 140F.

Všechny ingredience vložte do vakuově uzavíratelného sáčku. Protřepejte, aby se krevety dobře obalily. Uvolněte vzduch pomocí metody vytlačení vody, utěsněte a ponořte sáček do vodní lázně. Nastavte časovač na 1 hodinu. Když se časovač zastaví, vyjměte sáček. Podávejte teplé.

Pomazánka z kuřecích jater

Příprava + doba vaření: 5 hodin 15 minut | Porce: 8

Ingredience:

1 kilo kuřecích jater

6 vajec

8 uncí slaniny, mleté

2 lžíce sojové omáčky

3 unce šalotky, nakrájené

3 lžíce octa

Sůl a černý pepř podle chuti

4 lžíce másla

½ lžičky papriky

Trasa:

Připravte si vodní lázeň a umístěte do ní Sous Vide. Nastaveno na 156F.

Na pánvi na středním plameni opečte slaninu, přidejte šalotku a opékejte 3 minuty. Vmícháme sójovou omáčku a ocet. Vložíme do mixéru s ostatními surovinami. Mixujte do hladka. Vložte všechny ingredience do zednické nádoby a utěsněte. Vařte 5 hodin. Když se časovač zastaví, vyjměte sklenici a podávejte.

Zelenina zázvor squash

Příprava + doba vaření: 70 minut | Porce: 8

Ingredience:

14 uncí máslové dýně

1 lžíce strouhaného zázvoru

1 lžička másla, rozpuštěného

1 lžička citronové šťávy

Sůl a černý pepř podle chuti

¼ lžičky kurkumy

Trasa:

Připravte si vodní lázeň a umístěte do ní Sous Vide. Nastaveno na 185F.

Dýni oloupeme a nakrájíme na plátky. Všechny ingredience vložte do vakuově uzavíratelného sáčku. Dobře protřepejte, aby se obalil. Uvolněte vzduch pomocí metody vytlačení vody, utěsněte a ponořte sáček do vodní lázně. Nastavte časovač na 55 minut. Když se časovač zastaví, vyjměte sáček. Podávejte teplé.

Humří ocasy

Příprava + doba vaření: 50 minut | Porce: 6

Ingredience:

1 kilo humřího ocasu, vyloupané
½ citronu
½ lžičky česnekového prášku
¼ lžičky cibulového prášku
1 lžíce rozmarýnu
1 lžička olivového oleje

Trasa:

Připravte si vodní lázeň a umístěte do ní Sous Vide. Nastavte na 140F.

Humra ochutíme česnekem a cibulovým práškem. Vložte do vakuově uzavíratelného sáčku. Přidejte zbytek ingrediencí a protřepejte, aby se obalil. Uvolněte vzduch pomocí metody vytlačení vody, utěsněte a ponořte sáček do vodní lázně. Nastavte časovač na 40 minut. Když se časovač zastaví, vyjměte sáček. Podávejte teplé.

BBQ tofu

Příprava + doba vaření: 2 hodiny 15 minut | Porce: 8

Ingredience:

15 uncí tofu
3 lžíce barbecue omáčky
2 lžíce tamari omáčky
1 lžička cibulového prášku
1 lžička soli

Trasa:

Připravte si vodní lázeň a umístěte do ní Sous Vide. Nastavte na 180F.

Tofu nakrájíme na kostičky. Vložte do plastového sáčku. Uvolněte vzduch pomocí metody vytlačení vody, utěsněte a ponořte sáček do vodní lázně. Nastavte časovač na 2 hodiny.

Když se časovač zastaví, vyjměte sáček a přeneste jej do misky. Přidejte zbytek ingrediencí a promíchejte.

Lahodný francouzský toast

Příprava + doba vaření: 100 minut | Porce: 2

Ingredience:

2 vejce
4 krajíce chleba
½ šálku mléka
½ lžičky skořice
1 lžíce másla, rozpuštěného

Trasa:

Připravte si vodní lázeň a umístěte do ní Sous Vide. Nastavte na 150F.

Smíchejte vejce, mléko, máslo a skořici. Plátky chleba vložte do vakuově uzavíratelného sáčku a zalijte vaječnou směsí. Dobře protřepejte, aby se obalil. Uvolněte vzduch pomocí metody vytlačení vody, utěsněte a ponořte sáček do vodní lázně. Nastavte časovač na 1 hodinu 25 minut. Když se časovač zastaví, vyjměte sáček. Podávejte teplé.

Sladká a pikantní kachna

Příprava + doba vaření: 70 minut | Porce: 4

Ingredience:

1 kilo kachních prsou
1 lžička tymiánu
1 lžička oregano
2 lžíce medu
½ lžičky chilli prášek
½ lžičky papriky
1 lžička česnekové soli
1 lžíce sezamového oleje

Trasa:

Připravte si vodní lázeň a umístěte do ní Sous Vide. Nastaveno na 158F.

Smíchejte med, olej, koření a bylinky. Směsí potřete kachnu a vložte do vakuově uzavíratelného sáčku. Uvolněte vzduch pomocí metody vytlačení vody, utěsněte a ponořte sáček do vodní lázně. Nastavte časovač na 60 minut.

Když se časovač zastaví, vyjměte sáček a nakrájejte kachní prsa. Podávejte teplé.

Sous Vide Nakládaná rebarbora

Příprava + doba vaření: 40 minut | Porce: 8

Ingredience:

2 kila rebarbory, nakrájené na plátky
7 lžic jablečného octa
1 polévková lžíce hnědého cukru
¼ řapíkatého celeru, mletého
¼ lžičky soli

Trasa:

Připravte si vodní lázeň a umístěte do ní Sous Vide. Nastavte na 180F. Všechny ingredience vložte do vakuově uzavíratelného sáčku. Dobře protřepejte, aby se obalil. Uvolněte vzduch pomocí metody vytlačení vody, utěsněte a ponořte sáček do vodní lázně. Vařte 25 minut. Když se časovač zastaví, vyjměte sáček. Podávejte teplé.

Krůtí masové kuličky

Příprava + doba vaření: 2 hodiny 10 minut | Porce: 4

Ingredience:

12 uncí mletého krůtího masa

2 lžičky rajčatové omáčky

1 vejce

1 lžička koriandru

1 lžíce másla

Sůl a černý pepř podle chuti

1 lžíce strouhanky

½ lžičky tymiánu

Trasa:

Připravte si vodní lázeň a umístěte do ní Sous Vide. Nastaveno na 142F.

Smíchejte všechny ingredience v míse. Ze směsi tvoříme masové kuličky. Vložte do vakuově uzavíratelného sáčku. Uvolněte vzduch pomocí metody vytlačení vody, utěsněte a ponořte sáček do vodní lázně. Nastavte časovač na 2 hodiny. Když se časovač zastaví, vyjměte sáček. Podávejte teplé.

Sladká stehna se sušenými rajčaty

Příprava + doba vaření: 75 minut | Počet porcí: 7)

Ingredience:

2 kila kuřecích stehýnek

3 unce sušených rajčat, nakrájených na kostičky

1 žlutá cibule, nakrájená nadrobno

1 lžička rozmarýnu

1 polévková lžíce cukru

2 lžíce olivového oleje

1 vejce, rozšlehané

Trasa:

Připravte si vodní lázeň a umístěte do ní Sous Vide. Nastaveno na 149F.

Smíchejte všechny ingredience ve vakuově uzavíratelném sáčku a protřepejte, aby se dobře obalily. Uvolněte vzduch pomocí metody vytlačení vody, utěsněte a ponořte sáček do vodní lázně. Nastavte časovač na 63 minut. Když se časovač zastaví, vyjměte sáček a podávejte podle potřeby.

Adobo kuře

Příprava + doba vaření: 4 hodiny 25 minut | Porce: 6

Ingredience:

2 kila kuřecích stehýnek
3 lžíce pepře
1 hrnek kuřecího vývaru
½ šálku sójové omáčky
2 lžíce octa
1 polévková lžíce česnekového prášku

Trasa:

Připravte si vodní lázeň a umístěte do ní Sous Vide. Nastavte na 155F.

Vložte kuře, sójovou omáčku a česnekový prášek do vakuově uzavíratelného sáčku. Uvolněte vzduch pomocí metody vytlačení vody, utěsněte a ponořte sáček do vodní lázně. Nastavte časovač na 4 hodiny. Když se časovač zastaví, vyjměte sáček a vložte jej do pánve. Přidejte zbytek ingrediencí. Vařte dalších 15 minut.

Ovocné chorizo "Eat-me".

Příprava + doba vaření: 75 minut | Porce: 4

Ingredience

2½ šálku bílých hroznů bez pecek, stopky odstraněné
1 lžíce čerstvého rozmarýnu, nasekaného
2 lžíce másla
4 chorizo klobásy
2 lžíce balzamikového octa
Sůl a černý pepř podle chuti

Trasy

Připravte si vodní lázeň a umístěte do ní Sous Vide. Nastaveno na 165F. Vložte máslo, bílé hrozny, rozmarýn a chorizo do vakuově uzavíratelného sáčku. Dobře protřepat. Uvolněte vzduch pomocí metody vytlačení vody, utěsněte a ponořte sáček do vodní lázně. Vařte 60 minut.

Když se časovač zastaví, přeneste směs chorizo na talíř. Nalijte tekutinu na vaření s hrozny a balzamikovým octem do horké pánve. Míchejte 3 minuty. Navrch dejte chorizo hroznovou omáčkou.

Kuřecí maso a houby v omáčce Marsala

Příprava + doba vaření: 2 hodiny 25 minut | Porce: 2

Ingredience:

2 kuřecí prsa bez kosti a kůže

1 šálek vína Marsala

1 hrnek kuřecího vývaru

14 uncí hub, nakrájených na plátky

½ lžíce mouky

1 lžíce másla

Sůl a černý pepř podle chuti

2 stroužky česneku, nasekané

1 šalotka, mletá

Trasa:

Připravte si vodní lázeň a umístěte do ní Sous Vide. Nastavte na 140F. Kuře osolte, opepřete a vložte do vakuově uzavíratelného sáčku s houbami. Uvolněte vzduch metodou vytlačení vody, utěsněte a ponořte do vodní lázně. Vařte 2 hodiny.

Když se časovač zastaví, vyjměte sáček. V pánvi na středním plameni rozpustíme máslo, vmícháme mouku a ostatní suroviny. Vaříme, dokud omáčka nezhoustne. Přidejte kuře a vařte 1 minutu.

Vanilková meruňka s whisky

Příprava + doba vaření: 45 minut | Porce: 4

Ingredience

2 meruňky, vypeckované a nakrájené na čtvrtky
½ šálku žitné whisky
½ šálku ultrajemného cukru
1 lžička vanilkového extraktu
Sůl podle chuti

Trasy

Připravte si vodní lázeň a umístěte do ní Sous Vide. Nastaveno na 182F. Všechny ingredience vložte do vakuově uzavíratelného sáčku. Uvolněte vzduch metodou vytlačení vody, utěsněte a ponořte do vodní lázně. Vařte 30 minut. Jakmile se časovač zastaví, vyjměte sáček a přeneste jej do ledové lázně.

Snadno kořeněný hummus

Příprava + doba vaření: 3 hodiny 35 minut | Porce: 6

Ingredience

1½ šálku sušené cizrny, namočené přes noc
2 litry vody
¼ šálku citronové šťávy
¼ šálku tahini pasty
2 stroužky česneku, nasekané
2 lžíce olivového oleje
½ lžičky semínek kmínu
½ lžičky soli
1 lžička kajenského pepře

Trasy

Připravte si vodní lázeň a umístěte do ní Sous Vide. Nastaveno na 196F.

Cizrnu sceďte a vložte do vakuově uzavíratelného sáčku s 1 litrem vody. Uvolněte vzduch pomocí metody vytlačení vody, utěsněte a ponořte sáček do vodní lázně. Vařte 3 hodiny. Když se časovač zastaví, vyjměte sáček, přeneste jej do ledové vodní lázně a nechte vychladnout.

V mixéru mixujte citronovou šťávu a pastu tahini po dobu 90 sekund. Přidejte česnek, olivový olej, kmín a sůl, míchejte 30 sekund, dokud nebude hladká. Cizrnu vyjmeme a scedíme. Pro jemnější hummus oloupejte cizrnu.

V kuchyňském robotu smíchejte polovinu cizrny se směsí tahini a mixujte 90 sekund. Přidejte zbývající cizrnu a rozmixujte do hladka. Směs přendejte na talíř a ozdobte kajenským pepřem a odloženou cizrnou.

Kaffir Lime bubeníci

Příprava + doba vaření: 80 minut | Počet porcí: 7)

Ingredience:

16 oz kuřecích stehen
2 lžíce listů koriandru
1 lžička sušené máty
1 lžička tymiánu
Sůl a bílý pepř podle chuti
1 lžíce olivového oleje
1 lžíce nasekaných listů kafírové limetky

Trasa:

Připravte si vodní lázeň a umístěte do ní Sous Vide. Nastaveno na 153F. Všechny ingredience vložte do vakuově uzavíratelného sáčku. Masírujte, aby se kuře dobře obalilo. Uvolněte vzduch pomocí metody vytlačení vody, utěsněte a ponořte sáček do vodní lázně. Nastavte časovač na 70 minut. Po dokončení vyjměte sáček. Podávejte teplé.

Mléčná bramborová kaše s rozmarýnem

Příprava + doba vaření: 1 hodina 45 minut | Porce: 4

Ingredience

2 kila červených brambor

5 stroužků česneku

8 uncí másla

1 šálek plnotučného mléka

3 snítky rozmarýnu

Sůl a bílý pepř podle chuti

Trasy

Připravte si vodní lázeň a umístěte do ní Sous Vide. Nastaveno na 193F. Brambory omyjeme, oloupeme a nakrájíme. Česnek vyjmeme, oloupeme a rozdrtíme. Smíchejte brambory, česnek, máslo, 2 lžíce soli a rozmarýn. Vložte do vakuově uzavíratelného sáčku. Uvolněte vzduch pomocí metody vytlačení vody, utěsněte a ponořte sáček do vodní lázně. Vařte 1 hodinu a 30 minut.

Jakmile se časovač zastaví, vyjměte sáček a přeneste je do misky a rozmačkejte je. Smícháme našlehané máslo a mléko. Osolíme a opepříme. Navrch rozetřete rozmarýn a podávejte.

Sladký tofu kebab se zeleninou

Příprava + doba vaření: 65 minut | Porce: 8)

Ingredience

1 cuketa, nakrájená na plátky
1 lilek, nakrájený na plátky
1 žlutá paprika, nakrájená
1 červená paprika, nakrájená
1 zelená paprika, nakrájená
16 uncí tofu sýra
¼ šálku olivového oleje
1 lžička medu
Sůl a černý pepř podle chuti

Trasy

Připravte si vodní lázeň a umístěte do ní Sous Vide. Nastaveno na 186F.

Vložte cuketu a lilek do vakuově uzavíratelného sáčku. Vložte kousky papriky do vakuově uzavíratelného sáčku. Pomocí metody vytěsňování vody uvolněte vzduch, utěsněte a ponořte sáčky do vodní lázně. Vařte 45 minut. Po 10 minutách zahřejte pánev na střední teplotu.

Tofu sceďte a osušte. Nakrájejte na kostky. Potřete olivovým olejem a vložte do pánve a opékejte z obou stran do zlatova. Přendejte do misky, zalijte medem a přikryjte. Necháme vychladnout. Když se časovač zastaví, vyjměte sáčky a přeneste veškerý obsah do misky. Osolíme a opepříme. Tekutinu na vaření zlikvidujte. Do kebabu střídavě pokládejte zeleninu a tofu.

Dijonský kuřecí řízek

Příprava + doba vaření: 65 minut | Porce: 4

Ingredience:

1 kilo kuřecího řízku
3 lžíce dijonské hořčice
2 cibule, nastrouhané
2 lžíce kukuřičného škrobu
½ šálku mléka
1 lžička citronové kůry
1 lžička tymiánu
1 lžička oregano
Česneková sůl a černý pepř podle chuti
1 lžíce olivového oleje

Trasa:

Připravte si vodní lázeň a umístěte do ní Sous Vide. Nastaveno na 146F. Všechny ingredience smíchejte dohromady a vložte do vakuově uzavíratelného sáčku. Uvolněte vzduch pomocí metody vytlačení vody, utěsněte a ponořte sáček do vodní lázně. Nastavte časovač na 45 minut. Jakmile se časovač zastaví, vyjměte sáček a přendejte na pánev a vařte na středním plameni 10 minut.

Papriky plněné mrkví a vlašskými ořechy

Příprava + doba vaření: 2 hodiny 35 minut | Porce: 5

Ingredience

4 šalotky, nakrájené nadrobno

4 mrkve, jemně nakrájené

4 stroužky česneku, nakrájené

1 šálek syrových kešu ořechů, namočených a okapaných

1 šálek pekanových ořechů, namočených a okapaných

1 lžíce balzamikového octa

1 lžíce sójové omáčky

1 lžíce mletého kmínu

2 lžičky papriky

1 lžička česnekového prášku

1 špetka kajenského pepře

4 snítky čerstvého tymiánu

Kůra z 1 citronu

4 papriky, odřízněte vršek a odstraňte semínka

Trasy

Připravte si vodní lázeň a umístěte do ní Sous Vide. Nastaveno na 186F.

V mixéru rozmixujte mrkev, česnek, šalotku, kešu, pekanové ořechy, balzamikový ocet, sójovou omáčku, kmín, papriku, česnekový prášek, kajenský pepř, tymián a citronovou kůru. Nahrubo promícháme.

Směs nalijte do slupek paprik a vložte do vakuově uzavíratelného sáčku. Uvolněte vzduch pomocí metody vytlačení vody, utěsněte a ponořte sáček do vodní lázně. Vařte 1 hodinu a 15 minut. Když se časovač zastaví, vyjměte papriky a položte je na talíř.

Pomerančová kachna s paprikou a tymiánem

Příprava + doba vaření: 15 hodin 10 minut | Porce: 4

Ingredience:

16 oz kachní stehno
1 lžička pomerančové kůry
2 polévkové lžíce kafirového listu
1 lžička soli
1 lžička cukru
1 lžíce pomerančové šťávy
2 lžičky sezamového oleje
½ lžičky papriky
½ lžičky tymiánu

Trasa:

Připravte si vodní lázeň a umístěte do ní Sous Vide. Nastavte na 160F. Všechny ingredience vložte do vakuově uzavíratelného sáčku. Masáž se dá dobře kombinovat. Uvolněte vzduch pomocí metody vytlačení vody, utěsněte a ponořte sáček do vodní lázně. Nastavte časovač na 15:00.

Když se časovač zastaví, vyjměte sáček. Podávejte teplé.

Krůtí stehno zabalené ve slanině

Příprava + doba vaření: 6 hodin 15 minut | Porce: 5

Ingredience:

14 oz krůtí stehno

5 uncí slaniny, nakrájené na plátky

½ lžičky chilli vloček

2 lžičky olivového oleje

1 lžíce zakysané smetany

½ lžičky oregana

½ lžičky papriky

¼ citron, nakrájený na plátky

Trasa:

Připravte si vodní lázeň a umístěte do ní Sous Vide. Nastavte na 160F.

V misce smíchejte bylinky a koření se zakysanou smetanou a poté ji potřete krůtou. Obalte ho slaninou a pokapejte olivovým olejem. Vložte do vakuově uzavíratelného sáčku spolu s citronem. Uvolněte vzduch pomocí metody vytlačení vody, utěsněte a ponořte sáček do vodní lázně. Nastavte časovač na 6 hodin. Když se časovač zastaví, vyjměte sáček a nakrájejte. Podávejte teplé.

Směs chřestu s estragonem

Příprava + doba vaření: 25 minut | Porce: 3

Ingredience:

1 ½ lb středního chřestu

5 lžic másla

2 lžíce citronové šťávy

½ lžičky citronové kůry

1 lžíce pažitky, nakrájené na plátky

1 lžíce petrželky, nasekané

1 lžíce + 1 lžíce čerstvého kopru, nasekaného

1 lžíce + 1 lžíce estragonu, nasekaný

Trasa:

Připravte vodní lázeň, vložte Sous Vide a nastavte na 183F. Odřízněte a vyhoďte těsné dno chřestu. Vložte chřest do vakuově uzavíratelného sáčku.

Uvolněte vzduch pomocí metody vytlačení vody, uzavřete a ponořte do vodní lázně a nastavte časovač na 10 minut.

Když se časovač zastaví, vyjměte sáček a utěsněte jej. Dejte pánev na mírný oheň, přidejte máslo a dušený chřest. Dochutíme solí a pepřem a stále mícháme. Přidejte citronovou šťávu a kůru a vařte 2 minuty.

Vypněte teplo a přidejte petržel, 1 lžíci kopru a 1 lžíci estragonu. Házejte rovnoměrně. Ozdobte zbylým koprem a estragonem. Podáváme horké jako přílohu.

Pikantní steaky z květáku

Příprava + doba vaření: 35 minut | Porce: 5

Ingredience:

1 kilo květáku, nakrájeného na plátky
1 polévková lžíce kurkumy
1 lžička chilli prášek
½ lžičky česnekového prášku
1 lžička sriracha
1 lžíce chipotle
1 polévková lžíce je těžká
2 lžíce másla

Trasa:

Připravte si vodní lázeň a umístěte do ní Sous Vide. Nastaveno na 185F.

Všechny ingredience kromě květáku smícháme. Směsí potřeme steaky z květáku. Vložte je do vakuově uzavíratelného sáčku. Uvolněte vzduch pomocí metody vytlačení vody, utěsněte a ponořte sáček do vodní lázně. Nastavte časovač na 18 minut.

Když se časovač zastaví, vyjměte sáček, předehřejte gril a opékejte steaky jednu minutu z každé strany.

Cayenské bramborové nudličky s majonézovým dresinkem

Příprava + doba vaření: 1 hodina 50 minut | Porce: 6

Ingredience

2 velké zlaté brambory nakrájené na nudličky
Sůl a černý pepř podle chuti
1½ lžíce olivového oleje
1 lžička tymiánu
1 lžička papriky
½ lžičky kajenského pepře
1 žloutek
2 lžíce jablečného octa
¾ šálku rostlinného oleje
Sůl a černý pepř podle chuti

Trasy

Připravte si vodní lázeň a umístěte do ní Sous Vide. Nastaveno na 186F. Brambory vložte do vakuově uzavíratelného sáčku se špetkou soli. Uvolněte vzduch metodou vytlačení vody, utěsněte a ponořte do vodní lázně. Vařte 1 hodinu a 30 minut.

Když se časovač zastaví, vyjměte brambory a osušte je kuchyňskou utěrkou. Tekutinu na vaření zlikvidujte. Na pánvi na středním plameni rozehřejte olej. Přidejte brambory a posypte paprikou, kajenským pepřem, tymiánem, černým pepřem a zbylou solí. Míchejte 7 minut, dokud nebudou všechny strany brambor zlatavě hnědé.

Příprava majonézy: dobře promíchejte žloutek a polovinu octa. Pomalu přidávejte rostlinný olej, míchejte, dokud nebude hladký. Přidejte zbývající ocet. Dochuťte solí a pepřem a dobře promíchejte. Podáváme s opečenými bramborami.

Máslová a sladká kachna

Příprava + doba vaření: 7 hodin 10 minut | Počet porcí: 7)

Ingredience:

2 kila kachních křídel
2 lžíce cukru
3 lžíce másla
1 lžíce javorového sirupu
1 lžička černého pepře
1 lžička soli
1 lžíce rajčatového protlaku

Trasa:

Připravte si vodní lázeň a umístěte do ní Sous Vide. Nastaveno na 175F.

Ingredience smícháme v míse, křidélka potřeme směsí. Křídla vložte do vakuově uzavíratelného sáčku a zalijte zbylou směsí. Uvolněte vzduch pomocí metody vytlačení vody, utěsněte a ponořte sáček do vodní lázně. Nastavte časovač na 7 hodin. Když se časovač zastaví, vyjměte sáček a nakrájejte. Podávejte teplé.

Máslové džemy

Příprava + doba vaření: 1 hodina 10 minut | Porce: 4

Ingredience

1 kilo príze, nakrájené na plátky
8 lžic másla
½ šálku husté smetany
Sůl podle chuti

Trasy

Připravte si vodní lázeň a umístěte do ní Sous Vide. Nastaveno na 186F. Smíchejte dohromady hustou smetanu, yams, košer sůl a máslo. Vložte do vakuově uzavíratelného sáčku. Uvolněte vzduch pomocí metody vytlačení vody, utěsněte a ponořte sáček do vodní lázně. Vařte 60 minut.

Když se časovač zastaví, vyjměte sáček a nalijte obsah do misky. Dobře promíchejte kuchyňským robotem a podávejte.

Špenát a houbový quiche

Příprava + doba vaření: 20 minut | Porce: 2

Ingredience:

1 šálek čerstvých hub Cremini, nakrájených na plátky

1 šálek čerstvého špenátu, nakrájeného

2 velká vejce, rozšlehaná

2 lžíce plnotučného mléka

1 stroužek česneku, nasekaný

¼ šálku parmazánu, strouhaného

1 lžíce másla

½ lžičky soli

Trasa:

Houby omyjeme pod tekoucí studenou vodou a nakrájíme na tenké plátky. Dáš to stranou, ignuješ to. Špenát důkladně omyjeme a nakrájíme nadrobno.

Vložte houby, špenát, mléko, česnek a sůl do velkého vakuově uzavíratelného sáčku. Uzavřete sáček a vařte v sous vide po dobu 10 minut při 180 F.

Mezitím rozpusťte máslo ve velké pánvi na středním plameni. Vyjměte zeleninovou směs ze sáčku a vložte ji do pánve. Vařte 1 minutu, poté přidejte rozšlehané vejce. Dobře promíchejte, dokud se nezapracuje a vařte, dokud vejce neztuhne. Posypeme strouhaným sýrem a stáhneme z ohně a podáváme.

Mexická máslová kukuřice

Příprava + doba vaření: 40 minut | Porce: 2

Ingredience

2 kukuřičné klasy, oloupané

2 lžíce studeného másla

Sůl a černý pepř podle chuti

¼ šálku majonézy

½ lžíce chilli prášku na mexický způsob

½ lžičky strouhané limetkové kůry

¼ šálku rozdrobeného sýra feta

¼ šálku nasekaného čerstvého koriandru

Klínky limetky na servírování

Trasy

Připravte si vodní lázeň a umístěte do ní Sous Vide. Nastaveno na 183F.

Vložte kukuřičné klasy a máslo do vakuově uzavíratelného sáčku. Osolíme a opepříme. Uvolněte vzduch pomocí metody vytlačení vody, utěsněte a ponořte sáček do vodní lázně. Vařte 30 minut.

Když se časovač zastaví, odstraňte kukuřici. Majonézu, limetkovou kůru a chilli dejte do malého sáčku. Dobře protřepat. Sýr feta položte na talíř. Kukuřičné klasy natřeme 1 lžící majonézové směsi a přetočíme je přes sýr. Ozdobte solí. Slouží.

Sýrová hruška s vlašskými ořechy

Příprava + doba vaření: 55 minut | Porce: 2

Ingredience

1 hruška, nakrájená na plátky
1 libru medu
½ šálku vlašských ořechů
4 lžíce strouhaného sýra Grana Padano
2 šálky listů rukoly
Sůl a černý pepř podle chuti
2 lžíce citronové šťávy
2 lžíce olivového oleje

Trasy

Připravte si vodní lázeň a umístěte do ní Sous Vide. Nastaveno na 158F. Smíchejte med a hrušky. Vložte do vakuově uzavíratelného sáčku. Uvolněte vzduch pomocí metody vytlačení vody, utěsněte a ponořte sáček do vodní lázně. Vařte 45 minut. Když se časovač zastaví, vyjměte sáček a přeneste jej do misky. Nahoře s dresinkem.

Kaše z brokolice a modrého sýra

Příprava + doba vaření: 1 hodina 40 minut | Porce: 6

Ingredience

1 hlavička brokolice nakrájená na růžičky
3 lžíce másla
Sůl a černý pepř podle chuti
1 lžíce petrželky
5 dkg nivy, rozdrobené

Trasy

Připravte si vodní lázeň a umístěte do ní Sous Vide. Nastaveno na 186F.

Vložte brokolici, máslo, sůl, petržel a černý pepř do vakuového sáčku. Uvolněte vzduch pomocí metody vytlačení vody, utěsněte a ponořte sáček do vodní lázně. Vařte 1 hodinu a 30 minut.

Jakmile se časovač zastaví, vyjměte sáček a přeneste do mixéru. Přidejte sýr a mixujte při vysoké rychlosti po dobu 3-4 minut, dokud nebude hladký. Slouží.

Curry cuketa

Příprava + doba vaření: 40 minut | Porce: 3

Ingredience:

3 malé cukety nakrájené na kostičky
2 lžičky kari
1 lžíce olivového oleje
Sůl a černý pepř podle chuti
¼ šálku koriandru

Trasa:

Připravte vodní lázeň, vložte Sous Vide a nastavte na 185F. Vložte cuketu do vakuově uzavíratelného sáčku. Uvolněte vzduch pomocí metody vytlačení vody, utěsněte a ponořte sáček do vodní lázně. Vařte 20 minut. Když se časovač zastaví, vyjměte a utěsněte sáček. Umístěte pánev na střední stupeň, přidejte olivový olej. Po zahřátí přidejte cuketu a ostatní uvedené ingredience. Přidejte sůl a za stálého míchání opékejte 5 minut. Podáváme jako přílohu.

Batáty s vlašskými ořechy

Příprava + doba vaření: 3 hodiny 45 minut | Porce: 2

Ingredience

1 kilo sladkých brambor nakrájených na plátky
Sůl podle chuti
¼ šálku vlašských ořechů
1 lžíce kokosového oleje

Trasy

Připravte si vodní lázeň a umístěte do ní Sous Vide. Nastaveno na 146F. Vložte brambory a sůl do vakuově uzavíratelného sáčku. Uvolněte vzduch pomocí metody vytlačení vody, utěsněte a ponořte sáček do vodní lázně. Vařte 3 hodiny. Zahřejte pánev na střední teplotu a opečte vlašské ořechy. Nakrájejte je.

Předehřejte troubu na 375 F a vyložte plech pečicím papírem. Když se časovač zastaví, vyjměte brambory a přeneste je na plech. Potřeme kokosovým olejem a pečeme 20-30 minut. Rolujte to jednou. Podávejte posypané opraženými vlašskými ořechy.

Pikantní nakládaná řepa

Příprava + doba vaření: 50 minut | Porce: 4

Ingredience

12 uncí řepy, nakrájené na plátky
½ papričky jalapeňo
1 stroužek česneku nakrájeného na kostičky
2/3 šálku bílého octa
2/3 šálku vody
2 lžíce marinády

Trasy

Připravte si vodní lázeň a umístěte do ní Sous Vide. Nastaveno na 192F. V 5 nádobách mason smíchejte papričku jalapeňo, červenou řepu a stroužky česneku.

Rozehřejte pánev a přiveďte marinádu, vodu a bílý ocet k varu. Sceďte a přelijte řepnou směs ve sklenicích. Sklenice uzavřete a ponořte do vodní lázně. Vařte 40 minut. Když se časovač zastaví, vyjměte sklenice a nechte je vychladnout. Slouží.

Kořeněná kukuřice na másle

Příprava + doba vaření: 35 minut | Porce: 5

Ingredience

5 lžic másla
5 klasů žluté kukuřice, oloupané
1 lžíce čerstvé petrželky
½ lžičky kajenského pepře
Sůl podle chuti

Trasy

Připravte si vodní lázeň a umístěte do ní Sous Vide. Nastaveno na 186F.

Do každého vakuového sáčku vložte 3 klasy kukuřice. Pomocí metody vytěsňování vody uvolněte vzduch, utěsněte a ponořte sáčky do vodní lázně. Vařte 30 minut. Když se časovač zastaví, vyjměte kukuřici ze sáčku a přeneste ji na talíř. Ozdobte kajenským pepřem a petrželkou.

Paprika a rozmarýnové brambory

Příprava + doba vaření: 55 minut | Porce: 4

Ingredience

8 uncí kašovitých brambor
Sůl a černý pepř podle chuti
1 lžíce másla
1 snítka rozmarýnu
1 lžička papriky

Trasy

Připravte si vodní lázeň a umístěte do ní Sous Vide. Nastaveno na 178F.

Brambory smícháme se solí, paprikou a pepřem. Vložte je do vakuově uzavíratelného sáčku. Uvolněte vzduch pomocí metody vytlačení vody, utěsněte a ponořte sáček do vodní lázně. Vařte 45 minut.

Když se časovač zastaví, vyjměte brambory a nakrájejte je na poloviny. Na pánvi na středním plameni rozehřejte máslo a vmíchejte rozmarýn a brambory. Vařte 3 minuty. Podávejte na talíři. Ozdobte solí.

Glazovaný dýňový chléb

Příprava + doba vaření: 3 hodiny 40 minut | Porce: 4

Ingredience:

1 vejce, rozšlehané

6 lžic konzervovaného dýňového pyré

6 uncí mouky

1 lžička prášku do pečiva

1 lžička skořice

¼ lžičky muškátového oříšku

1 polévková lžíce cukru

¼ lžičky soli

Trasa:

Připravte si vodní lázeň a umístěte do ní Sous Vide. Nastaveno na 195F.

Mouku spolu s práškem do pečiva, solí, skořicí a muškátovým oříškem prosejeme do mísy. Vmícháme rozšlehané vejce, cukr a dýňové pyré. Smíchejte, aby vzniklo těsto.

Těsto rozdělte mezi dvě zednické nádoby a utěsněte. Vložte do vodní lázně a vařte 3 hodiny a 30 minut. Po uplynutí času vyjměte sklenice a před podáváním je nechte vychladnout.

Pórkové a česnekové vejce

Příprava + doba vaření: 35 minut | Porce: 2

Ingredience:

2 šálky čerstvého pórku nakrájeného na kousky
5 celých stroužků česneku
1 lžíce másla
2 lžíce extra panenského olivového oleje
4 velká vejce
1 lžička soli

Trasa:

Smíchejte vejce, máslo a sůl. Přeneste do vakuově uzavíratelného sáčku a vařte v Sous Vide deset minut při 165F. Opatrně přendejte na talíř. Ve velké pánvi rozehřejte olej na středním plameni. Přidejte česnek a nakrájený pórek. Za stálého míchání smažte deset minut. Odstraňte z ohně a použijte na pokrytí vajec.

Krémový artyčokový dip

Příprava + doba vaření: 1 hodina 45 minut | Porce: 6

Ingredience:

2 lžíce másla
2 cibule, nakrájené na čtvrtky
3 stroužky česneku, nakrájené
15 oz artyčokových srdíček, nasekaných
18 uncí zmrazeného špenátu, rozmraženého
5 uncí zelených chilli papriček
3 lžíce majonézy
3 lžíce šlehačky

Trasa:

Připravte vodní lázeň, umístěte do ní Sous Vide a poté zahřejte na 181 F. Cibuli, česnek, artyčoková srdíčka, špenát a zelenou papriku rozdělte do 2 vakuově uzavíratelných sáčků. Pomocí metody vytěsňování vody uvolněte vzduch, utěsněte a ponořte sáčky do vodní lázně. Nastavte časovač na 30 minut pro vaření.

Když se časovač zastaví, vyjměte a utěsněte sáčky. Suroviny rozmixujte mixérem. Umístěte pánev na střední teplotu a přidejte máslo. Přidejte zeleninové pyré, citronovou šťávu, majonézu a smetanový sýr. Osolíme a opepříme. Promíchejte a vařte 3 minuty. Podávejte teplé se zeleninovými proužky.

Ředkvičkový sýrový dip

Příprava + doba vaření: 1 hodina 15 minut | Porce: 4

Ingredience:

30 malých ředkviček, odstranění zelených listů
1 lžíce Chardonnay octa
Cukr podle chuti
1 šálek vody na vaření v páře
1 polévková lžíce oleje z hroznových jader
12 oz smetanový sýr

Trasa:

Připravte vodní lázeň, vložte Sous Vide a nastavte na 183F. Vložte ředkvičky, sůl, pepř, vodu, cukr a ocet do vakuově uzavíratelného sáčku. Vypusťte vzduch ze sáčku, uzavřete jej a ponořte do vodní lázně. Vařte 1 hodinu. Jakmile se časovač zastaví, vyjměte sáček, otevřete jej a vložte ředkvičky do mixéru s trochou vody v páře. Přidejte smetanový sýr a pyré dohladka. Slouží.

Celerový dip

Příprava + doba vaření: 50 minut | Porce: 3

Ingredience:

½ lb celerového kořene, nakrájeného na plátky
1 šálek husté smetany
3 lžíce másla
1 lžíce citronové šťávy
Sůl podle chuti

Trasa:

Připravte vodní lázeň, vložte Sous Vide a nastavte na 183F. Vložte celer, smetanu, citronovou šťávu, máslo a sůl do vakuového sáčku. Vypusťte vzduch ze sáčku, uzavřete jej a ponořte do lázně. Vařte 40 minut. Když se časovač zastaví, vyjměte a utěsněte sáček. Suroviny rozmixujte mixérem. Slouží.

Pikantní BBQ omáčka

Příprava + doba vaření: 1 hodina 15 minut | Počet porcí: 10)

Ingredience:

1 ½ kila malých rajčat
¼ šálku jablečného octa
¼ lžičky cukru
1 lžíce worcesterské omáčky
½ lžíce tekutého hikorového kouře
2 lžičky uzené papriky
2 lžičky česnekového prášku
1 lžička cibulového prášku
Sůl podle chuti
½ lžičky chilli prášek
½ lžičky kajenského pepře
4 polévkové lžíce vody

Trasa:

Připravte vodní lázeň, vložte Sous Vide a nastavte na 185F.

Rajčata roztřiďte do dvou vakuově uzavíratelných sáčků. Pomocí metody vytěsňování vody uvolněte vzduch, utěsněte a ponořte sáčky do vodní lázně. Nastavte časovač na 40 minut.

Když se časovač zastaví, vyjměte a utěsněte sáčky. Rajčata dejte do mixéru a rozmixujte na hladké a husté pyré. Nepřidávejte vodu.

Dejte hrnec na střední teplotu, přidejte rajčatový protlak a ostatní ingredience. Za stálého míchání vařte 20 minut. Mělo by být dosaženo husté konzistence.

Peri Peri omáčka

Příprava + doba vaření: 40 minut | Počet porcí: 15

Ingredience:

2 dkg červené chilli papričky
4 stroužky česneku, rozdrcené
2 lžičky uzené papriky
1 šálek listů koriandru, nasekaných
½ šálku bazalkových lístků, nakrájených
1 šálek olivového oleje
Šťáva ze 2 citronů

Trasa:

Připravte vodní lázeň, vložte Sous Vide a nastavte na 185F.

Papriky vložte do vakuově uzavíratelného sáčku. Uvolněte vzduch pomocí metody vytlačení vody, utěsněte a ponořte sáček do vodní lázně. Nastavte časovač na 30 minut.

Když se časovač zastaví, vyjměte a utěsněte sáček. Papriku a ostatní uvedené ingredience dejte do mixéru a rozmixujte dohladka.

Uchovávejte ve vzduchotěsné nádobě, chlaďte a spotřebujte do 7 dnů.

Zázvorový sirup

Příprava + doba vaření: 1 hodina 10 minut | Počet porcí: 10)

Ingredience:

1 šálek zázvoru, nakrájeného na tenké plátky
1 velká bílá cibule, oloupaná
2 ½ šálku vody
¼ šálku cukru

Trasa:

Připravte vodní lázeň, vložte Sous Vide a nastavte na 185F. Vložte cibuli do vakuově uzavíratelného sáčku. Uvolněte vzduch pomocí metody vytlačení vody, uzavřete a ponořte do vodní lázně. Vařte 40 minut.

Když se časovač zastaví, vyjměte a utěsněte sáček. Vložte cibuli do mixéru se 4 lžícemi vody a rozmixujte dohladka. Dejte hrnec na střední teplotu, přidejte cibulový protlak a ostatní uvedené ingredience. Vařte 15 minut. Vypněte oheň, ochlaďte a přeceďte přes jemné sítko. Uchovávejte v dóze, chladněte a používejte až 14 dní. Použijte jej jako koření do jiných jídel.

Kuřecí vývar

Příprava + doba vaření: 12 hodin 25 minut | Porce: 3

Ingredience:

2 lb kuře, jakákoli část – stehna, prsa
5 šálků vody
2 tyčinky celeru, nakrájené
2 bílé cibule, nakrájené nadrobno

Trasa:

Připravte vodní lázeň, vložte Sous Vide a nastavte na 194F. Všechny ingredience rozdělte do 2 vakuových sáčků, horní části sáčků 2-3x přeložte. Umístěte do vodní lázně. Nastavte časovač na 12 hodin.

Když se časovač zastaví, vyjměte sáčky a přeneste ingredience do mísy. Suroviny vařte na vysoké teplotě po dobu 10 minut. Vypněte teplo a vypusťte. Vývar použijeme jako základ polévky.

Cibulová omáčka Pomodoro

Příprava + doba vaření: 30 minut | Porce: 4

Ingredience

4 šálky rajčat, rozpůlených a zbavených semínek
½ cibule, nakrájená
½ lžičky cukru
¼ šálku čerstvého oregana
2 stroužky česneku, nasekané
Sůl a černý pepř podle chuti
5 lžic olivového oleje

Trasa:

Připravte si vodní lázeň a umístěte do ní Sous Vide. Nastaveno na 175F. Rajčata, oregano, česnek, cibuli a cukr vložte do vakuově uzavíratelného sáčku. Uvolněte vzduch pomocí metody vytlačení vody, utěsněte a ponořte sáček do vodní lázně. Vařte 15 minut.

Když se časovač zastaví, vyjměte sáček a přeneste obsah do mixéru a mixujte 1 minutu, dokud nebude hladký. Navrch dejte černý pepř.

Pepřové pyré

Příprava + doba vaření: 40 minut | Porce: 4

Ingredience:

8 červených paprik, se semínky
⅓ šálku olivového oleje
2 lžíce citronové šťávy
3 stroužky česneku, rozdrcené
2 lžičky sladké papriky

Trasa:

Připravte vodní lázeň, vložte Sous Vide a nastavte na 183F. Vložte papriku, česnek a olivový olej do vakuového sáčku. Pomocí metody vytěsňování vody uvolněte vzduch, utěsněte a ponořte sáčky do vodní lázně. Nastavte časovač na 20 minut a vařte.

Když se časovač zastaví, vyjměte sáček a utěsněte jej. Vložte papriku a česnek do mixéru a rozmixujte dohladka. Umístěte pánev na střední teplotu; přidáme paprikovou pastu a ostatní ingredience. Vařte 3 minuty. Podávejte teplé nebo studené jako dip.

Jalapeno koření

Příprava + doba vaření: 70 minut | Porce: 6

Ingredience:

2 papričky jalapeňo
2 zelené chilli papričky
2 stroužky česneku, rozdrcené
1 cibule, pouze oloupaná
3 lžičky prášku z oregana
3 lžičky prášku černého pepře
2 lžičky rozmarýnového prášku
10 lžic anýzového prášku

Trasy

Připravte vodní lázeň, vložte Sous Vide a nastavte na 185F. Papriky a cibuli vložte do vakuově uzavíratelného sáčku. Uvolněte vzduch pomocí metody vytlačení vody, utěsněte a ponořte sáček do vodní lázně. Nastavte časovač na 40 minut.

Když se časovač zastaví, vyjměte a utěsněte sáček. Papriku a cibuli dejte do mixéru se 2 lžícemi vody a rozmixujte dohladka.

Dejte hrnec na mírný oheň, přidejte pepřovou pastu a ostatní ingredience. Vařte 15 minut. Vypněte teplo a ochlaďte. Uchovávejte v kořence, v chladničce a spotřebujte do 7 dnů. Použijte jej jako koření.

Hovězí polévka

Příprava + doba vaření: 13 hodin 25 minut | Porce: 6

Ingredience:

3 lb hovězí stehno
1 ½ libry hovězí kosti
½ lb mletého hovězího masa
5 šálků rajčatového protlaku
6 sladkých cibulí
3 hlavy česneku
6 lžic černého pepře
5 snítek tymiánu
4 bobkové listy
10 šálků vody

Trasa:

Předehřejte troubu na 425 F. Hovězí kosti a hovězí stehýnka dejte na pánev a potřete je rajčatovou pastou. Přidejte česnek a cibuli. Dáš to stranou, ignoruješ to. Umístěte a rozdrobte mleté maso na další pánev. Vložte pánve do trouby a pečte do tmavě hnědé.

Až budete připraveni, slijte tuk z pečicích misek. Připravte si vodní lázeň ve velkém hrnci, vložte Sous Vide a nastavte na 195F. Oddělte mleté hovězí maso, pečenou zeleninu, černý pepř, tymián a bobkové listy do 3 vakuových sáčků. Pánve vylijte vodou a přidejte do sáčků. Horní části sáčků přehněte 2-3krát.

Umístěte sáčky do vodní lázně a připojte je k nádobě Sous Vide. Nastavte časovač na 13:00. Když se časovač zastaví, vyjměte sáčky a přeneste ingredience do mísy. Ingredience přiveďte k varu na vysoké teplotě. Vařte 15 minut. Vypněte teplo a vypusťte. Vývar použijeme jako základ polévky.

Česnek bazalka rub

Příprava + doba vaření: 55 minut | Počet porcí: 15

Ingredience:

2 hlavy česneku, rozdrcené
2 lžičky olivového oleje
Špetka soli
1 hlava fenyklu, nakrájená
v kůře a šťávě ze 2 citronů
¼ cukru
25 lístků bazalky

Trasa:

Připravte vodní lázeň, vložte Sous Vide a nastavte na 185F. Vložte fenykl a cukr do vakuově uzavíratelného sáčku. Uvolněte vzduch pomocí metody vytlačení vody, utěsněte a ponořte sáček do vodní lázně. Nastavte časovač na 40 minut. Když se časovač zastaví, vyjměte a utěsněte sáček.

Vložte fenykl, cukr a další uvedené přísady do mixéru a rozmixujte dohladka. Uchovávejte v nádobě na koření a uchovávejte v chladu až týden.

Medový a cibulový balzamikový dresink

Příprava + doba vaření: 1 hodina 55 minut | Porce: 1)

Ingredience

3 sladké cibule, nakrájené nadrobno
1 lžíce másla
Sůl a černý pepř podle chuti
2 lžíce balzamikového octa
1 polévková lžíce medu
2 lžičky lístků čerstvého tymiánu

Trasy

Připravte si vodní lázeň a umístěte do ní Sous Vide. Nastaveno na 186F.

Rozpálíme pánev na středním plameni s máslem. Přidejte cibuli, dochuťte solí a pepřem a vařte 10 minut. Přidejte balzamikový ocet a vařte 1 minutu. Sundejte z plotny a nalijte med.

Směs vložte do vakuově uzavíratelného sáčku. Uvolněte vzduch pomocí metody vytlačení vody, utěsněte a ponořte sáček do vodní lázně. Vařte 90 minut. Když se časovač zastaví, vyjměte sáček a přeneste jej na talíř. Ozdobte čerstvým tymiánem. Podávejte s pizzou nebo sendviči.

Rajčatová omáčka

Příprava + doba vaření: 55 minut | Porce: 4

Ingredience:

1 (16 oz.) plechovka rajčat, drcená
1 malá bílá cibule, nakrájená na kostičky
1 šálek lístků čerstvé bazalky
1 lžíce olivového oleje
1 stroužek česneku, rozdrcený
Sůl podle chuti
1 bobkový list
1 červené chilli

Trasa:

Připravte vodní lázeň, vložte Sous Vide a nastavte na 185F. Všechny uvedené ingredience vložte do vakuově uzavíratelného sáčku. Uvolněte vzduch pomocí metody vytlačení vody, utěsněte a ponořte sáček do vodní lázně. Nastavte časovač na 40 minut. Když se časovač zastaví, vyjměte a utěsněte sáček. Bobkový list vyhoďte a zbytek ingrediencí přesuňte do mixéru a rozmixujte dohladka. Podáváme jako přílohu.

Zásoba mořských plodů

Příprava + doba vaření: 10 hodin 10 minut | Porce: 6

Ingredience:

1 lb krevetové skořápky s hlavami a ocasy
3 šálky vody
1 lžíce olivového oleje
2 lžičky soli
2 snítky rozmarýnu
½ hlavy česneku, rozdrceného
½ šálku celerových listů, nakrájených

Trasa:

Připravte vodní lázeň, vložte Sous Vide a nastavte na 180F. Smíchejte krevety s olivovým olejem. Vložte krevety s ostatními uvedenými přísadami do vakuově uzavíratelného sáčku. Uvolněte vzduch, utěsněte a ponořte sáček do vodní lázně a nastavte časovač na 10 hodin.

Rybí polévka

Příprava + doba vaření: 10 hodin 15 minut | Porce: 4

Ingredience:

5 šálků vody
½ lb rybího filé, kůže
1 kilo rybí hlavy
5 středně zelených cibulí
3 sladké cibule
¼ lb černé řasy (Kombu)

Trasa:

Připravte vodní lázeň, vložte Sous Vide a nastavte ji na 194 F. Všechny uvedené ingredience rovnoměrně rozdělte do 2 vakuových sáčků, vršky sáčků 2x přeložte. Umístěte je do vodní lázně a připojte k nádobě Sous Vide. Nastavte časovač na 10 hodin.

Když se časovač zastaví, vyjměte sáčky a přeneste ingredience do mísy. Suroviny vařte na vysoké teplotě po dobu 5 minut. Dáme do lednice a můžeme používat maximálně 14 dní.

Chřestový dresink s hořčicí

Příprava + doba vaření: 30 minut | Porce: 2

Ingredience

1 svazek velkého chřestu

Sůl a černý pepř podle chuti

¼ šálku olivového oleje

1 lžička dijonské hořčice

1 lžička kopru

1 lžička červeného vinného octa

1 vejce natvrdo, nakrájené

Čerstvá petržel, nasekaná

Trasy

Připravte si vodní lázeň a umístěte do ní Sous Vide. Nastaveno na 186F.

Odřízněte spodní část chřestu a vyhoďte.

Odloupněte spodní část stonku a vložte do vakuově uzavíratelného sáčku. Uvolněte vzduch pomocí metody vytlačení vody, utěsněte a ponořte sáček do vodní lázně. Vařte 15 minut.

Když se časovač zastaví, vyjměte sáček a přeneste jej do ledové lázně. Oddělte šťávy z vaření. Pro vinaigrette smíchejte v misce olivový olej, ocet a hořčici; dobře promíchejte. Dochuťte solí a vložte do zavařovací sklenice. Uzavřete a dobře protřepejte. Nahoru položte petržel, vejce a vinaigrette.

Rostlinný kmen

Příprava + doba vaření: 12 hodin 35 minut | Počet porcí: 10)

Ingredience:

1 ½ šálku celeru, nakrájeného na kostičky
1 ½ šálku pórku, nakrájeného na kostičky
½ šálku fenyklu, nakrájeného na kostičky
4 stroužky česneku, rozdrcené
1 lžíce olivového oleje
6 šálků vody
1 ½ šálku hub
½ šálku petrželky, nasekané
1 lžička černého pepře
1 bobkový list

Trasa:

Připravte vodní lázeň, vložte Sous Vide a nastavte na 180F. Předehřejte troubu na 450 F. Do mísy dejte pórek, celer, fenykl, česnek a olivový olej. Vyhoďte je. Přendejte na plech a vložte do trouby. Pečte 20 minut.

Opečenou zeleninu vložte do vakuově uzavíratelného sáčku se šťávou, vodou, petrželkou, pepřem, houbami a bobkovým listem.

Uvolněte vzduch, utěsněte a ponořte sáček do vodní lázně a nastavte časovač na 12 hodin. Mísu vodní lázně zakryjte igelitem, aby se omezilo odpařování, a do vany pusťte vodu, aby se zelenina zakryla.

Když se časovač zastaví, vyjměte a utěsněte sáček. Filtrujte přísady. Zchlaďte a použijte zmrazené po dobu až 1 měsíce.

Když se časovač zastaví, vyjměte a utěsněte sáček. Filtrujte přísady. Ochlaďte a použijte zmrazené po dobu až 2 týdnů.

Česnekový sýr Tabasco Edamame

Příprava + doba vaření: 1 hodina 6 minut | Porce: 4

Ingredience

1 lžíce olivového oleje
4 šálky čerstvého eidamu v luscích
1 lžička soli
1 stroužek česneku, nasekaný
1 lžíce vloček červené papriky
1 lžíce omáčky Tabasco

Trasy

Připravte si vodní lázeň a umístěte do ní Sous Vide. Nastaveno na 186F.

Zahřejte hrnec s vodou na vysokou teplotu a blanšírujte eidamové hrnce po dobu 60 sekund. Přefiltrujte a vložte do ledové vodní lázně. Smíchejte česnek, vločky červené papriky, omáčku Tabasco a olivový olej.

Vložte edamame do vakuově uzavíratelného sáčku. Nalijte omáčku Tabasco. Uvolněte vzduch pomocí metody vytlačení vody, utěsněte a ponořte sáček do vodní lázně. Vařte 1 hodinu. Když se časovač zastaví, vyjměte sáček, přeneste do misky a podávejte.

Herby šťouchaný sněhový hrášek

Příprava + doba vaření: 55 minut | Porce: 6

Ingredience

½ šálku zeleninového vývaru

1 libra čerstvého sněhového hrášku

Kůra z 1 citronu

2 lžíce nasekané čerstvé bazalky

1 lžíce olivového oleje

Sůl a černý pepř podle chuti

2 lžíce nasekané čerstvé pažitky

2 lžíce nasekané čerstvé petrželky

¾ lžičky česnekového prášku

Trasy

Připravte si vodní lázeň a umístěte do ní Sous Vide. Nastaveno na 186F.

Smíchejte hrášek, citronovou kůru, bazalku, olivový olej, černý pepř, pažitku, petržel, sůl a česnekový prášek a vložte do vakuově uzavíratelného sáčku. Uvolněte vzduch pomocí metody vytlačení vody, utěsněte a ponořte sáček do vodní lázně. Vařte 45 minut.

Jakmile se časovač zastaví, vyjměte sáček, přeneste do mixéru a dobře rozmixujte.

Šalvějová restovaná bramborová kaše

Příprava + doba vaření: 1 hodina 35 minut | Porce: 6

Ingredience

¼ šálku másla

12 sladkých brambor, neloupaných

10 stroužků česneku, jemně nasekaných

4 lžičky soli

6 lžic olivového oleje

5 snítek čerstvé šalvěje

1 lžička papriky

Trasy

Připravte si vodní lázeň a umístěte do ní Sous Vide. Nastaveno na 192F.

Smíchejte brambory, česnek, sůl, olivový olej a 2 nebo 3 snítky tymiánu a vložte do vakuově uzavíratelného sáčku. Uvolněte vzduch pomocí metody vytlačení vody, utěsněte a ponořte sáček do vodní lázně. Vařte 1 hodinu a 15 minut.

Předehřejte troubu na 450 F. Když se časovač zastaví, vyjměte brambory a přesuňte je do mísy. Oddělte šťávy z vaření.

Brambory dobře promíchejte s máslem a zbylým šalvějovým jarem. Přendejte na plech na pečení, který jste předtím vyložili hliníkovou fólií. Uprostřed brambor udělejte důlek a nalijte do něj šťávu z vaření. Brambory pečte 10 minut a po 5 minutách je obraťte. Vyhoďte šalvěj. Nandáme na talíř a podáváme posypané paprikou.

Máslový chřest s tymiánem a sýrem

Příprava + doba vaření: 21 minut | Porce: 6

Ingredience

¼ šálku nastrouhaného sýra Pecorino Romano
16 oz čerstvého chřestu, nakrájeného
4 lžíce másla, nakrájeného na kostičky
Sůl podle chuti
1 stroužek česneku, nasekaný
1 polévková lžíce tymiánu

Trasy

Připravte si vodní lázeň a umístěte do ní Sous Vide. Nastaveno na 186F.

Vložte chřest do vakuově uzavíratelného sáčku. Přidejte kostky másla, česnek, sůl a tymián. Uvolněte vzduch pomocí metody vytlačení vody, utěsněte a ponořte sáček do vodní lázně. Vařte 14 minut.

Když se časovač zastaví, vyjměte sáček a přendejte chřest na talíř. Pokapeme šťávou z vaření. Ozdobte sýrem Pecorino Romano.

Lahodný pastinák s medovou polevou

Příprava + doba vaření: 1 hodina 8 minut | Porce: 4

Ingredience

1 libra pastináku, oloupaného a nakrájeného

3 lžíce másla

2 lžíce medu

1 lžička olivového oleje

Sůl a černý pepř podle chuti

1 lžíce nasekané čerstvé petrželky

Trasy

Připravte si vodní lázeň a umístěte do ní Sous Vide. Nastaveno na 186F.

Vložte pastinák, máslo, med, olivový olej, sůl a pepř do vakuového sáčku. Uvolněte vzduch pomocí metody vytlačení vody, utěsněte a ponořte sáček do vodní lázně. Vařte 1 hodinu.

Zahřejte pánev na střední teplotu. Když se časovač zastaví, vyjměte sáček a nalijte obsah do pánve a vařte 2 minuty, dokud tekutina nezesklovatí. Přidejte petržel a rychle promíchejte. Slouží.

Rajčatový krém se sýrovým sendvičem

Příprava + doba vaření: 55 minut | Porce: 8)

Ingredience

½ šálku smetanového sýra

2 kila rajčat nakrájených na plátky

Sůl a černý pepř podle chuti

2 lžíce olivového oleje

2 stroužky česneku, nasekané

½ lžičky nasekané čerstvé šalvěje

⅛ lžičky vloček červené papriky

½ lžičky bílého vinného octa

2 lžíce másla

4 krajíce chleba

2 plátky sýra halloumi

Trasy

Připravte si vodní lázeň a umístěte do ní Sous Vide. Nastaveno na 186F. Rajčata dejte do cedníku nad misku a ochuťte solí. Dobře promíchejte. Nechte 30 minut chladnout. Šťávy vyhoďte. Smíchejte olivový olej, česnek, šalvěj, černý pepř, sůl a vločky pepře.

Vložte do vakuově uzavíratelného sáčku. Uvolněte vzduch pomocí metody vytlačení vody, utěsněte a ponořte sáček do vodní lázně. Vařte 40 minut.

Jakmile se časovač zastaví, vyjměte sáček a přeneste do mixéru. Přidejte ocet a smetanový sýr. Mixujte do hladka. Dejte na talíř a případně dosolte a opepřete.

Příprava sýrových tyčinek: Zahřejte pánev na střední teplotu. Plátky chleba potřete máslem a vložte je do pánve. Na chléb položíme plátky sýra a položíme na další chléb s máslem. Smažte 1-2 minuty. Opakujte se zbývajícím chlebem. Nakrájejte na kostky. Podávejte přes teplou polévku.

Salát z javorové řepy s kešu oříšky a Queso Fresco

Příprava + doba vaření: 1 hodina 35 minut | Porce: 8)

Ingredience

6 velkých řep, oloupaných a nakrájených na kostičky
Sůl a černý pepř podle chuti
3 lžíce javorového sirupu
2 lžíce másla
Kůra z 1 velkého pomeranče
1 lžíce olivového oleje
½ lžičky kajenského pepře
1½ šálku kešu ořechů
6 šálků rukoly
3 mandarinky, oloupané a nakrájené na plátky
1 šálek queso fresky, rozdrobený

Trasy

Připravte si vodní lázeň a umístěte do ní Sous Vide. Nastaveno na 186F.

Kousky mrkve vložte do vakuově uzavíratelného sáčku. Osolíme a opepříme. Přidejte 2 lžíce javorového sirupu, máslo a pomerančovou kůru. Uvolněte vzduch pomocí metody vytlačení vody, utěsněte a ponořte sáček do vodní lázně. Vařte 1 hodinu a 15 minut.

Předehřejte troubu na 350 F.

Vmíchejte zbývající javorový sirup, olivový olej, sůl a kajenský pepř. Přidejte kešu a dobře promíchejte. Směs kešu ořechů dejte na pánev předem vyloženou voskovou paprikou a pečte 10 minut. Odstavte a nechte vychladnout.

Když se časovač zastaví, vyjměte řepu a slijte šťávu z vaření. Na talíř dejte rukolu, plátky červené řepy a mandarinky dokola. Pro podávání posypte směsí queso fresco a kešu oříšků.

Sýrová paprika s květákem

Příprava + doba vaření: 52 minut | Porce: 5

Ingredience

½ šálku nastrouhaného sýra Provolone

1 hlavička květáku, nakrájená na růžičky

2 stroužky česneku, nasekané

Sůl a černý pepř podle chuti

2 lžíce másla

1 lžíce olivového oleje

½ velké červené papriky, nakrájené na proužky

½ velké žluté papriky nakrájené na proužky

½ velké oranžové papriky nakrájené na proužky

Trasy

Připravte si vodní lázeň a umístěte do ní Sous Vide. Nastaveno na 186F.

Dobře promíchejte růžičky květáku, 1 stroužek česneku, sůl, pepř, polovinu másla a polovinu olivového oleje.

V jiné misce smíchejte papriku, zbývající česnek, zbývající sůl, pepř, zbývající máslo a zbývající olivový olej.

Květák vložte do vakuově uzavíratelného sáčku. Vložte papriky do jiného vakuového sáčku. Pomocí metody vytěsňování vody uvolněte vzduch, utěsněte a ponořte sáčky do vodní lázně. Vařte 40 minut.

Když se časovač zastaví, vyjměte sáčky a nalijte obsah do misky. Vylijte tekutinu na vaření. Zeleninu promícháme a posypeme sýrem Provolone.

Podzimní squashová krémová polévka

Příprava + doba vaření: 2 hodiny 20 minut | Porce: 6

Ingredience

¾ šálku husté smetany
1 podzimní dýně nakrájená na malé kousky
1 velká hruška
½ žluté cibule, nakrájené na kostičky
3 snítky čerstvého tymiánu
1 stroužek česneku, nakrájený nadrobno
1 lžička mletého kmínu
Sůl a černý pepř podle chuti
4 lžíce crème fraîche

Trasy

Připravte si vodní lázeň a umístěte do ní Sous Vide. Nastaveno na 186F.

Smíchejte dýni, hrušky, cibuli, tymián, česnek, kmín a sůl. Vložte do vakuově uzavíratelného sáčku. Uvolněte vzduch metodou vytlačení vody, utěsněte a ponořte do vodní lázně. Vařte 2 hodiny.

Když se časovač zastaví, vyjměte sáček a přeneste jeho obsah do mixéru. Pyré do hladka. Přidejte smetanu a dobře promíchejte.

Osolíme a opepříme. Směs dejte do servírovacích misek a přelijte trochou crème fraiche. Ozdobte kousky hrušek.

Polévka z celeru a pórku

Příprava + doba vaření: 2 hodiny 15 minut | Porce: 8)

Ingredience

8 lžic másla

4 červené brambory, nakrájené na plátky

1 žlutá cibule, nakrájená na ¼-palcové kousky

1 řapíkatý celer, nakrájený na půlcentimetrové kousky

4 šálky ½-palcového nakrájeného pórku, pouze bílé části

1 hrnek zeleninového vývaru

1 mrkev, jemně nakrájená

4 stroužky česneku, nakrájené

2 bobkové listy

Sůl a černý pepř podle chuti

2 šálky husté smetany

¼ šálku nasekané čerstvé pažitky

Trasy

Připravte si vodní lázeň a umístěte do ní Sous Vide. Nastaveno na 186F.

Brambory, mrkev, cibuli, celer, pórek, zeleninový vývar, máslo, česnek a bobkové listy dejte do vakuově uzavíratelného sáčku.

Uvolněte vzduch pomocí metody vytlačení vody, utěsněte a ponořte sáček do vodní lázně. Vařte 2 hodiny.

Jakmile se časovač zastaví, vyjměte sáček a přeneste do mixéru. Bobkové listy vyhoďte. Obsah promícháme, dochutíme solí a pepřem. Pomalu přilévejte smetanu a za 2-3 minuty rozmixujte do hladka. Při podávání obsah sceďte a ozdobte pažitkou.

Lemon Collard Zelený salát s borůvkami

Příprava + doba vaření: 15 minut | Porce: 6

Ingredience

6 šálků čerstvé zeleniny

6 lžic olivového oleje

2 stroužky česneku, rozdrcené

4 lžíce citronové šťávy

½ lžičky soli

¾ šálku sušených brusinek

Trasy

Připravte si vodní lázeň a umístěte do ní Sous Vide. Nastaveno na 196F. Bylinky smíchejte se 2 lžícemi olivového oleje. Vložte do vakuově uzavíratelného sáčku. Uvolněte vzduch pomocí metody vytlačení vody, utěsněte a ponořte sáček do vodní lázně. Vařte 8 minut.

Smíchejte zbývající olivový olej, česnek, citronovou šťávu a sůl. Když se časovač zastaví, vyjměte límcovou zeleninu a přeneste na talíř. Pokapejte dresinkem. Ozdobte borůvkami.

Citrusová kukuřice s rajčatovou omáčkou

Příprava + doba vaření: 55 minut | Porce: 8)

Ingredience

⅓ šálku olivového oleje

4 klasy žluté kukuřice, loupané

Sůl a černý pepř podle chuti

1 velké rajče, nakrájené

3 lžíce citronové šťávy

2 stroužky česneku, nasekané

1 serrano paprika, se semínky

4 šalotky, pouze zelené části, nakrájené nadrobno

½ svazku čerstvých koriandrových listů, nasekaných

Trasy

Připravte si vodní lázeň a umístěte do ní Sous Vide. Nastaveno na 186F. Kukuřici rozšleháme s olivovým olejem a dochutíme solí a pepřem. Vložte je do vakuově uzavíratelného sáčku. Uvolněte vzduch pomocí metody vytlačení vody, utěsněte a ponořte sáček do vodní lázně. Vařte 45 minut.

Mezitím smíchejte v misce rajčata, citronovou šťávu, česnek, serrano pepř, jarní cibulku, koriandr a zbývající olivový olej. Předehřejte gril na vysokou teplotu.

Když se časovač zastaví, vyjměte kukuřici, přesuňte ji na gril a opékejte 2-3 minuty. Necháme vychladnout. Z klasu odřízněte semínka a přelijte je rajčatovou omáčkou. Podáváme s rybou, salátem nebo tortilla chipsy.

Zázvorová Tamari Růžičková kapusta se sezamem

Příprava + doba vaření: 43 minut | Porce: 6

Ingredience

1½ libry růžičkové kapusty, půlené

2 stroužky česneku, nasekané

2 polévkové lžíce rostlinného oleje

1 lžíce tamari omáčky

1 lžička strouhaného zázvoru

¼ lžičky vloček červené papriky

¼ lžičky praženého sezamového oleje

1 lžíce sezamových semínek

Trasy

Připravte si vodní lázeň a umístěte do ní Sous Vide. Nastaveno na 186F. Zahřejte hrnec na střední teplotu a smíchejte česnek, rostlinný olej, omáčku tamari, zázvor a vločky červené papriky. Vařte 4-5 minut. Dáš to stranou, ignoruješ to.

Růžičkovou kapustu vložte do vakuově uzavíratelného sáčku a nasypte do něj směs tamari. Uvolněte vzduch pomocí metody vytlačení vody, utěsněte a ponořte sáček do vodní lázně. Vařte 30 minut.

Když se časovač zastaví, vyjměte sáček a otřete jej do sucha utěrkou. Rezervujte si šťávy na vaření. Klíčky přendejte do misky a smíchejte se sezamovým olejem. Klíčky dejte na talíř a pokapejte šťávou z vaření. Ozdobte sezamovými semínky.

Řepný špenátový salát

Příprava + doba vaření: 2 hodiny 25 minut | Porce: 3

Ingredience:

1 ¼ šálku řepy, oříznuté a nakrájené na kousky velikosti sousta
1 šálek čerstvého špenátu, nakrájeného
2 lžíce olivového oleje
1 lžíce citronové šťávy, čerstvě vymačkané
1 lžička balzamikového octa
2 stroužky česneku, rozdrcené
1 lžíce másla
Sůl a černý pepř podle chuti

Trasa:

Řepu dobře opláchněte a očistěte. Nakrájejte na kousky o velikosti sousta a vložte do vakuově uzavíratelného sáčku s máslem a prolisovaným česnekem. Vařte v Sous Vide 2 hodiny při 185 F. Dejte stranou vychladnout.

Vařte velký hrnec vody a přidejte špenát. Vařte jednu minutu a poté stáhněte z ohně. Dobře sceďte. Přeneste do vakuově uzavíratelného sáčku a vařte v Sous Vide 10 minut při 180F. Vyjměte z vodní lázně a zcela ochlaďte. Dejte do velké mísy a přidejte uvařenou červenou řepu. Dochuťte solí, pepřem, octem, olivovým olejem a citronovou šťávou. Ihned podávejte.

Česnek se zelenou mátou

Příprava + doba vaření: 30 minut | Porce: 2

Ingredience:

½ šálku čerstvé čekanky, natrhané
½ šálku divokého chřestu, nakrájeného
½ šálku švýcarského mangoldu, drceného
¼ šálku čerstvé máty, nasekané
¼ šálku rukoly, natrhané
2 stroužky česneku, nasekané
½ lžičky soli
4 lžíce citronové šťávy, čerstvě vymačkané
2 lžíce olivového oleje

Trasa:

Naplňte velký hrnec osolenou vodou a přidejte zeleninu. Vařte 3 minuty. Vyjměte a sceďte. Jemně rukama zatlačte a zelí nakrájejte ostrým nožem. Přeneste do velkého vakuově uzavíratelného sáčku a vařte v Sous Vide 10 minut při 162F. Vyjměte z vodní lázně a dejte stranou.

Ve velké pánvi rozehřejte na středním plameni olivový olej. Přidejte česnek a za stálého míchání opékejte 1 minutu. Vmícháme zelí a dochutíme solí. Pokapeme čerstvou citronovou šťávou a podáváme.

Růžičková kapusta na bílém víně

Příprava + doba vaření: 35 minut | Porce: 4

Ingredience:

1 kilo růžičkové kapusty, nakrájené
½ šálku extra panenského olivového oleje
½ šálku bílého vína
Sůl a černý pepř podle chuti
2 lžíce čerstvé petrželky, nasekané nadrobno
2 stroužky česneku, rozdrcené

Trasa:

Vložte růžičkovou kapustu do velkého vakuově uzavíratelného sáčku se třemi lžícemi olivového oleje. Vařte v Sous Vide 15 minut při 180 F. Vyjměte to z tašky.

Ve velké nepřilnavé grilovací pánvi rozehřejte zbývající olivový olej. Přidejte růžičkovou kapustu, prolisovaný česnek, sůl a pepř. Krátce grilujte, několikrát pánví zatřeste, dokud všechny strany lehce nezhnědnou. Přidejte víno a přiveďte k varu. Dobře promíchejte a odstraňte z tepla. Vršek posypeme nadrobno nasekanou petrželkou a podáváme.

Salát z červené řepy a kozího sýra

Příprava + doba vaření: 2 hodiny 20 minut | Porce: 3

Ingredience:

1 kg červené řepy, nakrájené na plátky

½ šálku mandlí, blanšírovaných

2 lžíce lískových ořechů, oloupaných

2 lžičky olivového oleje

1 stroužek česneku, nakrájený nadrobno

1 lžička kmínového prášku

1 lžička citronové kůry

Sůl podle chuti

½ šálku kozího sýra, rozdrobeného

Čerstvé lístky máty na ozdobu

Obvaz:

2 lžíce olivového oleje

1 lžíce jablečného octa

Trasa:

Připravte vodní lázeň, vložte Sous Vide a nastavte na 183F.

Vložte řepu do vakuově uzavíratelného sáčku. Uvolněte vzduch pomocí metody vytěsňování vody, utěsněte a ponořte sáček do vodní lázně a nastavte časovač na 2 hodiny. Když se časovač zastaví, vyjměte a utěsněte sáček. Řepu dejte stranou.

Umístěte pánev na střední teplotu, přidejte mandle a lískové ořechy a opékejte 3 minuty. Položte na prkénko a nakrájejte. Do stejné pánve přidejte olej, přidejte česnek a kmín. Vařte 30 sekund. Vypněte topení. Do mísy přidejte kozí sýr, mandlovou směs, citronovou kůru a česnekovou směs. Směs. Olivový olej a ocet vyšlehejte do pěny, poté odstavte. Podáváme jako přílohu.

Květáková brokolicová polévka

Příprava + doba vaření: 70 minut | Porce: 2

Ingredience:

1 střední květák nakrájený na malé růžičky
½ lb brokolice, nakrájené na malé růžičky
1 zelená paprika, nakrájená
1 cibule, nakrájená na kostičky
1 lžička olivového oleje
1 stroužek česneku, rozdrcený
½ šálku zeleninového vývaru
½ šálku odstředěného mléka

Trasa:

Připravte vodní lázeň, vložte Sous Vide a nastavte na 185F.

Květák, brokolici, papriku a bílou cibuli dejte do vakuově uzavíratelného sáčku a zalijte olivovým olejem. Uvolněte vzduch pomocí metody vytlačení vody a utěsněte sáček. Ponořte sáček do vodní lázně. Nastavte časovač na 50 minut a vařte.

Když se časovač zastaví, vyjměte sáček a utěsněte jej. Zeleninu vložte do mixéru, přidejte česnek a mléko a poté rozmixujte dohladka.

Dejte pánev na střední teplotu, přidejte zeleninové pyré a zeleninovou šťávu a 3 minuty vařte. Osolíme a opepříme. Podáváme horké jako přílohu.

Máslový hrášek s mátou

Příprava + doba vaření: 25 minut | Porce: 2

Ingredience:

1 lžíce másla
½ šálku sněhového hrášku
1 lžíce mátových listů, nasekaných
Špetka soli
Cukr podle chuti

Trasa:

Připravte vodní lázeň, vložte Sous Vide a nastavte na 183F. Všechny ingredience vložte do vakuově uzavíratelného sáčku. Uvolněte vzduch metodou vytlačení vody, utěsněte a ponořte do vany. Vařte 15 minut.

Když se časovač zastaví, vyjměte a utěsněte sáček. Suroviny dejte na talíř. Podávejte jako koření.

Růžičková kapusta ve sladkém sirupu

Příprava + doba vaření: 75 minut | Porce: 3

Ingredience:

4 lb růžičkové kapusty, rozpůlené
3 lžíce olivového oleje
¾ šálku rybí omáčky
3 polévkové lžíce vody
2 lžíce cukru
1 ½ lžíce rýžového octa
2 lžičky limetkové šťávy
3 červené chilli papričky, nakrájené na tenké plátky
2 stroužky česneku, nakrájené

Trasa:

Připravte vodní lázeň, vložte Sous Vide a nastavte na 183F. Nasypte růžičkovou kapustu, sůl a olej do vakuově uzavíratelného sáčku, uvolněte vzduch metodou vytlačení vody, uzavřete a ponořte sáček do vodní lázně. Nastavte časovač na 50 minut.

Jakmile se časovač zastaví, vyjměte sáček, uzavřete jej a přeneste růžičkovou kapustu na plech vyložený pečicím papírem.

Předehřejte brojler na vysokou teplotu, vložte do něj plech a vařte 6 minut. Nasypte růžičkovou kapustu do misky.

Připravte omáčku: do mísy přidejte ostatní uvedené ingredience na vaření a promíchejte. Omáčku přidejte k růžičkové kapustě a rovnoměrně promíchejte. Podáváme jako přílohu.

Ředkvičky s bylinkovým sýrem

Příprava + doba vaření: 1 hodina 15 minut | Porce: 3

Ingredience:

10 uncí kozího sýra

4 oz smetanový sýr

¼ šálku červené papriky, mleté

3 lžíce pesta

3 lžičky citronové šťávy

2 lžíce petrželky

2 stroužky česneku

9 velkých ředkviček, nakrájených na plátky.

Trasa:

Připravte vodní lázeň, vložte Sous Vide a nastavte na 181F. Plátky ředkvičky vložte do vakuově uzavíratelného sáčku, uvolněte vzduch a uzavřete. Ponořte sáček do vodní lázně a nastavte časovač na 1 hodinu.

Ostatní uvedené suroviny smícháme v míse a nalijeme do sáčku. Dáš to stranou, ignoruješ to. Když se časovač zastaví, vyjměte sáček a utěsněte jej. Plátky ředkviček položte na talíř a každý plátek potřete sýrovou směsí. Podávejte jako svačinu.

Balsamico dušené zelí

Příprava + doba vaření: 1 hodina 45 minut | Porce: 3

Ingredience:

1 libra červeného zelí, nakrájená na čtvrtky a zbavená jádřinců
1 šalotka, nakrájená na tenké plátky
2 stroužky česneku, nakrájené na tenké plátky
½ lžičky balzamikového octa
½ lžíce nesoleného másla
Sůl podle chuti

Trasa:

Připravte vodní lázeň, vložte Sous Vide a nastavte na 185F. Zelí a ostatní suroviny rozdělíme do 2 vakuově uzavíratelných sáčků. Uvolněte vzduch pomocí metody vytlačení vody a utěsněte sáčky. Ponořte je do vodní lázně a nastavte časovač na 1 hodinu 30 minut.

Když se časovač zastaví, vyjměte a utěsněte sáčky. Umístěte zelí na servírovací talíře se šťávou. Dochuťte solí a octem podle chuti. Podáváme jako přílohu.

Pošírovaná rajčata

Příprava + doba vaření: 45 minut | Porce: 3

Ingredience:

4 šálky cherry rajčat
5 lžic olivového oleje
½ lžíce čerstvých listů rozmarýnu, nasekaných
½ lžíce čerstvých lístků tymiánu, nasekaných
Sůl a černý pepř podle chuti

Trasa:

Připravte si vodní lázeň, vložte do ní Sous Vide a nastavte ji na 131 F. Uvedené suroviny rozdělte do 2 vakuově uzavíratelných sáčků, dochuťte solí a pepřem. Uvolněte vzduch pomocí metody vytlačení vody a utěsněte sáčky. Ponořte je do vodní lázně a nastavte časovač na 30 minut.

Jakmile se časovač zastaví, vyjměte sáčky a utěsněte. Rajčata i se šťávou přendáme do misky. Podáváme jako přílohu.

Ratatouille

Příprava + doba vaření: 2 hodiny 10 minut | Porce: 3

Ingredience:

2 cukety, nakrájené na plátky
2 rajčata, nakrájená
2 červené papriky, semena a nakrájené na 2-palcové kostky
1 malý lilek, nakrájený na plátky
1 cibule, nakrájená na 1-palcové kostičky
Sůl podle chuti
½ vloček červené papriky
8 stroužků česneku, rozdrcených
2 ½ lžíce olivového oleje
5 pramenů + 2 prameny lístků bazalky

Trasa:

Připravte vodní lázeň, vložte Sous Vide a nastavte na 185F. Umístěte rajčata, cuketu, cibuli, papriku a lilek do 5 samostatných vakuově uzavřených sáčků. Do každého sáčku přidejte česnek, lístky bazalky a 1 lžíci olivového oleje. Uvolněte vzduch pomocí metody vytlačení vody, uzavřete a ponořte sáčky do vodní lázně a nastavte časovač na 20 minut.

Když se časovač zastaví, vyjměte sáček rajčat. Dáš to stranou, ignoruješ to. Nastavte časovač na 30 minut. Když se časovač zastaví, vyjměte sáčky s cuketou a červenou paprikou. Dáš to stranou, ignoruješ to. Nastavte časovač na 1 hodinu.

Když se časovač zastaví, odstraňte zbývající sáčky a vyhoďte listy česneku a bazalky. Přidejte rajčata do mísy a lžící je zlehka promíchejte. Zbylou zeleninu nakrájejte a přidejte k rajčatům. Dochuťte solí, červenou paprikou, zbylým olivovým olejem a bazalkou. Podáváme jako přílohu.

Rajská polévka

Příprava + doba vaření: 60 minut | Porce: 3

Ingredience:

2 kg rajčat, nakrájených na polovinu
1 cibule, nakrájená na kostičky
1 tyčinka celeru, nakrájená
3 lžíce olivového oleje
1 lžíce rajčatového protlaku
Špetka cukru
1 bobkový list

Trasa:

Připravte vodní lázeň, vložte Sous Vide a nastavte na 185F. Uvedené ingredience kromě soli dejte do mísy a promíchejte. Vložte je do vakuově uzavíratelného sáčku. Uvolněte vzduch pomocí metody vytlačení vody, utěsněte a ponořte sáček do vodní lázně. Nastavte časovač na 40 minut.

Když se časovač zastaví, vyjměte sáček a utěsněte jej. Suroviny rozmixujte mixérem. Rozmixovaná rajčata nalijte do hrnce a dejte na střední teplotu. Osolíme a vaříme 10 minut. Polévku nalijeme do misek a dáme vychladit. Podávejte teplé s nízkosacharidovým chlebem.

Dušená řepa

Příprava + doba vaření: 1 hodina 15 minut | Porce: 3

Ingredience:

2 řepy, oloupané a nakrájené na 1 cm plátky
⅓ šálku balzamikového octa
½ lžičky olivového oleje
⅓ šálku pražených vlašských ořechů
⅓ šálku sýra Grana Padano, strouhaného
Sůl a černý pepř podle chuti

Trasa:

Připravte vodní lázeň, vložte Sous Vide a nastavte na 183F. Vložte řepu, ocet a sůl do vakuově uzavíratelného sáčku. Uvolněte vzduch pomocí metody vytlačení vody, utěsněte a ponořte sáček do vodní lázně. Nastavte časovač na 1 hodinu.

Když se časovač zastaví, vyjměte a utěsněte sáček. Přendejte řepu do mísy, přidejte olivový olej a promíchejte. Navrch posypeme ořechy a sýrem. Podáváme jako přílohu.

Lilkové lasagne

Doba přípravy + vaření: 3 hodiny | Porce: 3

Ingredience:

1 kg lilku, oloupaného a nakrájeného na tenké plátky
1 lžička soli
1 šálek rajčatové omáčky, rozdělený na 3 části
2 dl čerstvé mozzarelly nakrájené na tenké plátky
1 dl parmazánu, strouhaného
2 oz italský směsný sýr, strouhaný
3 lžíce čerstvé bazalky, nasekané

Nahrát:
½ lžíce makadamových ořechů, opečených a nasekaných
1 dl parmazánu, strouhaného
1 oz italský směsný sýr, strouhaný

Trasa:

Připravte vodní lázeň, vložte Sous Vide a nastavte na 183F. Lilek dochutíme solí. Položte vakuově uzavíratelný sáček na bok, vytvořte vrstvu z poloviny lilku, potřete kopečkem rajčatové omáčky, navrstvěte mozzarellu, pak parmazán, pak sýrovou směs a nakonec bazalku. Navrch natřeme druhou porci rajčatové omáčky.

Sáček pečlivě uzavřete metodou vytěsňování vody, nejlépe naplocho. Ponořte sáček naplocho do vodní lázně. Nastavte časovač na 2 hodiny a vařte. V prvních 30 minutách 2-3x vypusťte vzduch, protože lilek při vaření uvolňuje plyny.

Když se časovač zastaví, opatrně vyjměte sáček a pomocí jehly zapíchněte jeden roh sáčku, aby se ze sáčku uvolnila tekutina. Sáček položte na talíř, seřízněte vršek a lasagne opatrně nasuňte na talíř. Nalijte zbývající rajčatovou omáčkou, makadamovými ořechy, sýrovou směsí a parmazánem. Rozpusťte a opečte sýr pomocí hořáku.

Houbová polévka

Příprava + doba vaření: 50 minut | Porce: 3

Ingredience:

1 kg směsi hub
2 cibule, nakrájené na kostičky
3 stroužky česneku
2 snítky petrželky, nasekané
2 lžíce tymiánového prášku
2 lžíce olivového oleje
2 šálky smetany
2 šálky zeleninového vývaru

Trasa:

Připravte vodní lázeň, vložte Sous Vide a nastavte na 185F. Vložte houby, cibuli a celer do vakuově uzavíratelného sáčku. Uvolněte vzduch pomocí metody vytlačení vody, utěsněte a ponořte sáček do vodní lázně. Nastavte časovač na 30 minut. Když se časovač zastaví, vyjměte a utěsněte sáček.

Ingredience ze sáčku rozmixujte v mixéru. Dejte pánev na střední teplotu, přidejte olivový olej. Když se začne ohřívat, přidejte prolisované houby a zbytek ingrediencí kromě smetany. Vařte 10 minut. Vypněte oheň a přidejte smetanu. Dobře promícháme a podáváme.

Vegetariánské parmazánové rizoto

Příprava + doba vaření: 65 minut | Porce: 5

Ingredience:

2 šálky rýže Arborio

½ šálku obyčejné bílé rýže

1 hrnek zeleninového vývaru

1 šálek vody

6 až 8 uncí parmazánu, strouhaného

1 cibule, nakrájená

1 lžíce másla

Sůl a černý pepř podle chuti

Trasa:

Připravte si vodní lázeň a umístěte do ní Sous Vide. Nastaveno na 185F. Na pánvi na středním plameni rozpustíme máslo. Přidejte cibuli, rýži a koření a několik minut restujte. Přeneste do vakuově uzavíratelného sáčku. Uvolněte vzduch pomocí metody vytlačení vody, utěsněte a ponořte sáček do vodní lázně. Nastavte časovač na 50 minut. Když se časovač zastaví, vyjměte sáček a vmíchejte parmazán.

Zelená polévka

Příprava + doba vaření: 55 minut | Porce: 3

Ingredience:

4 šálky zeleninového vývaru
1 lžíce olivového oleje
1 stroužek česneku, rozdrcený
1 palec zázvoru, nakrájený na plátky
1 lžička koriandrového prášku
1 velká cuketa, nakrájená na kostičky
3 šálky kapusty
2 šálky brokolice, nakrájené na růžičky
1 limetka, šťáva a kůra

Trasa:

Připravte vodní lázeň, vložte Sous Vide a nastavte na 185F. Vložte brokolici, cuketu, kapustu a petržel do vakuového sáčku. Uvolněte vzduch pomocí metody vytlačení vody, utěsněte a ponořte sáček do vodní lázně. Nastavte časovač na 30 minut.

Když se časovač zastaví, vyjměte a utěsněte sáček. Uvařené ingredience s česnekem a zázvorem dejte do mixéru. Pyré do hladka. Zelené pyré nalijeme do nádoby a přidáme ostatní uvedené suroviny. Umístěte hrnec na střední teplotu a vařte 10 minut. Podávejte jako lehké jídlo.

Míchaná zeleninová polévka

Příprava + doba vaření: 55 minut | Porce: 3

Ingredience:

1 sladká cibule, nakrájená na plátky

1 lžička česnekového prášku

2 šálky cukety, nakrájené na malé kostičky

3 unce parmazánové kůry

2 šálky baby špenátu

2 lžíce olivového oleje

1 lžička vloček červené papriky

2 šálky zeleninového vývaru

1 snítka rozmarýnu

Sůl podle chuti

Trasa:

Připravte vodní lázeň, vložte Sous Vide a nastavte na 185F. Všechny ingredience kromě česneku a soli promíchejte s olivovým olejem a vložte do vakuového sáčku. Uvolněte vzduch pomocí metody vytlačení vody, utěsněte a ponořte sáček do vodní lázně. Nastavte časovač na 30 minut.

Když se časovač zastaví, vyjměte a utěsněte sáček. Rozmarýn vyhoďte. Zbytek ingrediencí nasypeme do mísy, přidáme sůl a česnekový prášek. Umístěte hrnec na střední teplotu a vařte 10 minut. Podávejte jako lehké jídlo.

Uzená papriková zelenina Wontons

Příprava + doba vaření: 5 hodin 15 minut | Porce: 9)

Ingredience:

10 oz wonton zábaly
10 uncí zeleniny dle vašeho výběru, nakrájené
2 vejce
1 lžička olivového oleje
½ lžičky chilli prášek
½ lžičky uzené papriky
½ lžičky česnekového prášku
Sůl a černý pepř podle chuti

Trasa:

Připravte si vodní lázeň a umístěte do ní Sous Vide. Nastaveno na 165F.

Vejce rozšlehejte spolu s kořením. Vmícháme zeleninu a olej. Nalijte směs do vakuově uzavíratelného sáčku - Uvolněte vzduch metodou vytěsňování vody, uzavřete a ponořte sáček do vodní lázně. Nastavte časovač na 5 hodin.

Když se časovač zastaví, vyjměte sáček a přeneste jej do misky. Směs rozdělte mezi ravioli, zabalte je a okraje přitlačte k sobě. Vařte ve vroucí vodě na středním plameni 4 minuty.

Miso z quinoy a celeru

Příprava + doba vaření: 2 hodiny 25 minut | Porce: 6

Ingredience

1 celer, nakrájený
1 lžíce miso pasty
6 stroužků česneku
5 snítek tymiánu
1 lžička cibulového prášku
3 lžíce sýra ricotta
1 lžíce hořčičných semínek
Šťáva z ¼ velkého citronu
5 cherry rajčat, nakrájených nahrubo
Nasekaná petržel
8 uncí veganského másla
8 uncí vařené quinoa

Trasy

Připravte si vodní lázeň a umístěte do ní Sous Vide. Nastaveno na 186F.

Mezitím rozehřejte pánev na střední teplotu a přidejte česnek, tymián a hořčičná semínka. Vařte asi 2 minuty. Přidejte máslo a míchejte, dokud nezhnědne. Smícháme s cibulovým práškem a dáme stranou. Nechte vychladnout při pokojové teplotě. Celer vložte do vakuově uzavíratelného sáčku. Uvolněte vzduch pomocí metody vytlačení vody, utěsněte a ponořte sáček do vodní lázně. Vařte 2 hodiny.

Jakmile se časovač zastaví, vyjměte sáček a přendejte na pánev a míchejte do zlatohněda. Okořeníme miso. Dáš to stranou, ignoruješ to. Na středním plameni rozehřejte pánev, přidejte rajčata, hořčici a quinou. Smícháme s citronovou šťávou a petrželkou. Celer a rajčata smícháme dohromady a podáváme.

Salát s ředkvičkou a bazalkou

Příprava + doba vaření: 50 minut | Porce: 2

Ingredience:

20 malých ředkviček, nakrájených
1 lžíce bílého vinného octa
¼ šálku nasekané bazalky
½ šálku sýra feta
1 lžička cukru
1 polévková lžíce vody
¼ lžičky soli

Trasa:

Připravte si vodní lázeň a umístěte do ní Sous Vide. Nastavte na 200F. Vložte ředkvičky do velkého vakuového sáčku a přidejte ocet, cukr, sůl a vodu. Pojďme to rozhýbat. Uvolněte vzduch metodou vytlačení vody, utěsněte a ponořte do vodní lázně. Vařte 30 minut. Když se časovač zastaví, vyjměte sáček a nechte jej vychladnout v ledové lázni. Podávejte teplé. Podávejte přelité bazalkou a fetou.

Směs papriky

Příprava + doba vaření: 35 minut | Porce: 2

Ingredience:

1 červená paprika, nakrájená
1 žlutá paprika, nakrájená
1 zelená paprika, nakrájená
1 velká oranžová paprika, nakrájená
Sůl podle chuti

Trasa:

Připravte vodní lázeň, vložte Sous Vide a nastavte na 183F. Vložte všechny papriky se solí do vakuově uzavíratelného sáčku. Uvolněte vzduch pomocí metody vytlačení vody, uzavřete a ponořte do vodní lázně. Nastavte časovač na 15 minut. Když se časovač zastaví, vyjměte a utěsněte sáček. Papriku s její šťávou podávejte jako přílohu.

Koriandrová kurkuma quinoa

Příprava + doba vaření: 105 minut | Porce: 6

Ingredience:

3 šálky quinoa
2 šálky husté smetany
½ šálku vody
3 lžíce listů koriandru
2 lžičky kurkumového prášku
1 lžíce másla
½ lžíce soli

Trasa:

Připravte si vodní lázeň a umístěte do ní Sous Vide. Nastavte na 180F.

Všechny ingredience vložte do vakuově uzavíratelného sáčku. Dobře promíchejte. Uvolněte vzduch pomocí metody vytlačení vody, utěsněte a ponořte sáček do vodní lázně. Nastavte časovač na 90 minut. Když se časovač zastaví, vyjměte sáček. Podávejte teplé.

Oregano bílé fazole s

Příprava + doba vaření: 5 hodin 15 minut | Porce: 8

Ingredience:

12 uncí bílých fazolí
1 šálek rajčatového protlaku
8 uncí zeleninového vývaru
1 polévková lžíce cukru
3 lžíce másla
1 šálek nakrájené cibule
1 paprika, nakrájená
1 lžíce oregana
2 lžičky papriky

Trasa:

Připravte si vodní lázeň a umístěte do ní Sous Vide. Nastaveno na 185F.

Smíchejte všechny ingredience ve vakuově uzavíratelném sáčku. Smíchat to. Uvolněte vzduch pomocí metody vytlačení vody, utěsněte a ponořte sáček do vodní lázně. Nastavte časovač na 5 hodin. Když se časovač zastaví, vyjměte sáček. Podávejte teplé.

Bramborový a datlový salát

Příprava + doba vaření: 3 hodiny 15 minut | Porce: 6

Ingredience:

2 kila brambor nakrájených na kostičky

5 uncí datlí, nakrájených

½ šálku rozdrobeného kozího sýra

1 lžička oregano

1 lžíce olivového oleje

1 lžíce citronové šťávy

3 lžíce másla

1 lžička koriandru

1 lžička soli

1 lžíce nasekané petrželky

¼ lžičky česnekového prášku

Trasa:

Připravte si vodní lázeň a umístěte do ní Sous Vide. Nastavte na 190F.

Brambory, máslo, datle, oregano, koriandr a sůl vložte do vakuově uzavíratelného sáčku. Uvolněte vzduch pomocí metody vytlačení vody, utěsněte a ponořte sáček do vodní lázně. Nastavte časovač na 3 hodiny.

Když se časovač zastaví, vyjměte sáček a přeneste jej do misky. Smíchejte olivový olej, citronovou šťávu, petržel a česnekový prášek a pokapejte salát. Pokud používáte sýr, posypte ho navrch.

Papriková krupice

Příprava + doba vaření: 3 hodiny 10 minut | Porce: 4

Ingredience:

10 uncí krupice
4 lžíce másla
1 ½ lžičky papriky
10 uncí vody
½ lžičky česnekové soli

Trasa:

Připravte si vodní lázeň a umístěte do ní Sous Vide. Nastavte na 180F.

Všechny ingredience vložte do vakuově uzavíratelného sáčku. Promícháme lžící, aby se dobře spojilo. Uvolněte vzduch pomocí metody vytlačení vody, utěsněte a ponořte sáček do vodní lázně. Nastavte časovač na 3 hodiny. Když se časovač zastaví, vyjměte sáček. Rozdělte mezi 4 servírovací misky.

Směs hroznové zeleniny

Příprava + doba vaření 105 minut | Porce: 9)

Ingredience:

8 sladkých brambor, nakrájených na plátky
2 červené cibule, nakrájené na plátky
4 unce rajčat, pyré
1 lžička mletého česneku
Sůl a černý pepř podle chuti
1 lžička hroznové šťávy

Trasa:

Připravte si vodní lázeň a umístěte do ní Sous Vide. Nastaveno na 183F. Vložte všechny přísady do vakuového sáčku s ¼ šálku vody. Uvolněte vzduch pomocí metody vytlačení vody, utěsněte a ponořte sáček do vodní lázně. Nastavte časovač na 90 minut. Když se časovač zastaví, vyjměte sáček. Podávejte teplé.

Pokrm z máty a cizrny

Příprava + doba vaření: 4 hodiny 15 minut | Porce: 8

Ingredience:

9 uncí hub

3 šálky zeleninové polévky

1 kilo cizrny, přes noc namočené a scezené

1 lžička másla

1 lžička papriky

1 lžíce hořčice

2 lžíce rajčatové šťávy

1 lžička soli

¼ šálku nasekané máty

1 lžíce olivového oleje

Trasa:

Připravte si vodní lázeň a umístěte do ní Sous Vide. Nastaveno na 195F. Vývar a cizrnu dejte do vakuově uzavíratelného sáčku. Uvolněte vzduch pomocí metody vytlačení vody, utěsněte a ponořte sáček do vodní lázně. Nastavte časovač na 4 hodiny.

Když se časovač zastaví, vyjměte sáček. Na pánvi na středním plameni rozehřejte olej. Přidejte houby, rajčatovou šťávu, papriku, sůl a hořčici. Vařte 4 minuty. Cizrnu sceďte a vložte do pánve. Vařte další 4 minuty. Vmícháme máslo a mátu.

Zeleninová Caponata

Příprava + doba vaření: 2 hodiny 15 minut | Porce: 4

Ingredience:

4 plechovky švestkových rajčat, drcené
2 papriky, nakrájené na plátky
2 cukety, nakrájené na plátky
½ cibule, nakrájená na plátky
2 lilky, nakrájené na plátky
6 stroužků česneku, mletého
2 lžíce olivového oleje
6 lístků bazalky
Sůl a černý pepř podle chuti

Trasa:

Připravte si vodní lázeň a umístěte do ní Sous Vide. Nastaveno na 185F. Smíchejte všechny ingredience ve vakuově uzavíratelném sáčku. Uvolněte vzduch pomocí metody vytlačení vody, utěsněte a ponořte sáček do vodní lázně. Nastavte časovač na 2 hodiny. Když se časovač zastaví, přeneste na talíř.

Dušený mangold s limetkou

Příprava + doba vaření: 25 minut | Porce: 2

2 libry švýcarského mangoldu

4 lžíce extra panenského olivového oleje

2 stroužky česneku, rozdrcené

1 celá limetka, šťáva

2 lžičky mořské soli

Trasa:

Švýcarský mangold důkladně propláchneme a necháme okapat v cedníku. Hrubě nasekejte ostrým nožem a přendejte do velké mísy. Smíchejte 4 lžíce olivového oleje, prolisovaný česnek, limetkovou šťávu a mořskou sůl. Přeneste do velkého vakuového sáčku a utěsněte. Vařte en sous vide 10 minut při 180 F.

Kaše z kořenové zeleniny

Příprava + doba vaření: 3 hodiny 15 minut | Porce: 4

Ingredience:

2 pastináky, oloupané a nakrájené
1 tuřín, oloupaný a nakrájený
1 velký sladký brambor, oloupaný a nakrájený
1 lžíce másla
Sůl a černý pepř podle chuti
Špetka muškátového oříšku
¼ lžičky tymiánu

Trasa:

Připravte si vodní lázeň a umístěte do ní Sous Vide. Nastaveno na 185F. Zeleninu vložte do vakuově uzavíratelného sáčku. Uvolněte vzduch metodou vytěsňování vody, utěsněte a ponořte do vodní lázně. Vařte 3 hodiny. Až budete připraveni, vyjměte sáček a zeleninu rozmačkejte šťouchadlem na brambory. Vmícháme ostatní ingredience.

Zelí a paprika v rajčatové omáčce

Příprava + doba vaření: 4 hodiny 45 minut | Porce: 6

Ingredience:

2 kila zelí, nakrájené na plátky

1 hrnek nakrájené papriky

1 šálek rajčatového protlaku

2 cibule, nakrájené na plátky

1 polévková lžíce cukru

Sůl a černý pepř podle chuti

1 lžíce koriandru

1 lžíce olivového oleje

Trasa:

Připravte si vodní lázeň a umístěte do ní Sous Vide. Nastaveno na 184F.

Zelí a cibuli vložíme do vakuově uzavíratelného sáčku a ochutíme kořením. Přidejte rajčatovou pastu a dobře promíchejte. Uvolněte vzduch pomocí metody vytlačení vody, utěsněte a ponořte sáček do vodní lázně. Nastavte časovač na 4 hodiny a 30 minut. Když se časovač zastaví, vyjměte sáček.

Pokrm z hořčice čočky a rajčat

Příprava + doba vaření: 105 minut | Porce: 8

Ingredience:

2 šálky čočky

1 plechovka nakrájených rajčat, nescezená

1 šálek zeleného hrášku

3 hrnky zeleninového vývaru

3 šálky vody

1 cibule, nakrájená

1 mrkev, nakrájená

1 lžíce másla

2 lžíce hořčice

1 lžička vloček červené papriky

2 lžíce limetkové šťávy

Sůl a černý pepř podle chuti

Trasa:

Připravte si vodní lázeň a umístěte do ní Sous Vide. Nastaveno na 192F. Všechny ingredience vložte do velkého vakuově uzavíratelného sáčku. Uvolněte vzduch metodou vytlačení vody, uzavřete jej a ponořte do lázně. Vařte 90 minut. Jakmile se časovač zastaví, vyjměte sáček a přeneste do velké mísy a před podáváním promíchejte.

Pepřový rýžový pilaf s rozinkami

Příprava + doba vaření: 3 hodiny 10 minut | Porce: 6

Ingredience:

2 šálky bílé rýže
2 hrnky zeleninového vývaru
⅔ šálku vody
3 lžíce rozinek, nakrájených
2 lžíce zakysané smetany
½ šálku nakrájené červené cibule
1 paprika, nakrájená
Sůl a černý pepř podle chuti
1 lžička tymiánu

Trasa:

Připravte si vodní lázeň a umístěte do ní Sous Vide. Nastavte na 180F.

Všechny ingredience vložte do vakuově uzavíratelného sáčku. Dobře promíchejte. Uvolněte vzduch pomocí metody vytlačení vody, utěsněte a ponořte sáček do vodní lázně. Nastavte časovač na 3 hodiny. Když se časovač zastaví, vyjměte sáček. Podávejte teplé.

Kmínová polévka s jogurtem

Příprava + doba vaření: 2 hodiny 20 minut | Porce: 4

Ingredience

1 lžíce olivového oleje

1½ lžičky kmínu

1 střední cibule, nakrájená na kostičky

1 pórek překrojený napůl a nakrájený na tenké plátky

Sůl podle chuti

2 kila mrkve, nakrájené

1 bobkový list

3 šálky zeleninové polévky

½ hrnku plnotučného mléčného jogurtu

Jablečný ocet

Čerstvé listy kopru

Trasy

Připravte si vodní lázeň a umístěte do ní Sous Vide. Nastaveno na 186F. Ve velké pánvi na středním plameni rozehřejte olivový olej a přidejte semínka kmínu. Smažte je po dobu 1 minuty. Přidejte cibuli, sůl a pórek a restujte 5-7 minut nebo do změknutí. Smíchejte cibuli, bobkový list, mrkev a 1/2 lžíce soli ve velké misce.

Směs rozdělte do vakuově uzavíratelného sáčku. Uvolněte vzduch pomocí metody vytlačení vody, utěsněte a ponořte sáček do vodní lázně. Vařte 2 hodiny.

Když se časovač zastaví, vyjměte sáček a nalijte do misky. Přidejte zeleninovou polévku a promíchejte. Vmícháme jogurt. Polévku dochutíme solí a octem a podáváme s lístky kopru.

Máslový letní squash

Příprava + doba vaření: 1 hodina 35 minut | Porce: 4

Ingredience

2 lžíce másla

¾ šálku cibule, nakrájené

1½ kila letní tykve, nakrájené na plátky

Sůl a černý pepř podle chuti

½ šálku plnotučného mléka

2 velká celá vejce

½ šálku rozdrobených obyčejných bramborových lupínků

Trasy

Připravte si vodní lázeň a umístěte do ní Sous Vide. Nastaveno na 175F

Mezitím vymažte několik sklenic. Rozpalte velkou pánev na střední teplotu a rozpusťte máslo. Přidejte cibuli a vařte 7 minut. Přidejte dýni, dochuťte solí a pepřem a opékejte 10 minut. Směs rozdělte do sklenic. Necháme vychladnout a dáme stranou.

V míse rozšlehejte mléko, sůl a vejce. Dochutíme pepřem. Směs nalijte do sklenic, uzavřete a ponořte do vodní lázně. Vařte 60 minut. Když se časovač zastaví, vyjměte sklenice a nechte je 5 minut vychladnout. Podávejte přes bramborové lupínky.

Čatní z kari zázvoru a nektarinky

Příprava + doba vaření: 60 minut | Porce: 3

Ingredience

½ šálku krystalového cukru

½ šálku vody

¼ šálku bílého vinného octa

1 stroužek česneku, nasekaný

¼ šálku bílé cibule, jemně nakrájené

Šťáva z 1 limetky

2 lžičky strouhaného čerstvého zázvoru

2 lžičky kari

Špetka vloček červené papriky

Sůl a černý pepř podle chuti

Paprikové vločky podle chuti

4 velké nektarinky, nakrájené na plátky

¼ šálku nasekané čerstvé bazalky

Trasy

Připravte si vodní lázeň a umístěte do ní Sous Vide. Nastaveno na 168F.

Zahřejte pánev na střední teplotu a smíchejte vodu, cukr, bílý vinný ocet a česnek. Míchejte, dokud cukr nezměkne. Přidejte limetkovou šťávu, cibuli, kari, zázvor a vločky červené papriky. Dochuťte solí a černým pepřem. Dobře promíchejte. Směs vložte do vakuově uzavíratelného sáčku. Uvolněte vzduch pomocí metody vytlačení vody, utěsněte a ponořte sáček do vodní lázně. Vařte 40 minut.

Když se časovač zastaví, vyjměte sáček a vložte jej do ledové lázně. Přeneste jídlo na servírovací talíř. Ozdobte bazalkou.

Konfitované brambory rozmarýnové

Příprava + doba vaření: 1 hodina 15 minut | Porce: 4

Ingredience

1 kilo hnědých brambor, nakrájených na malé kousky

Sůl podle chuti

¼ lžičky mletého bílého pepře

1 lžička nasekaného čerstvého rozmarýnu

2 lžíce celého másla

1 lžíce kukuřičného oleje

Trasy

Připravte si vodní lázeň a umístěte do ní Sous Vide. Nastaveno na 192F. Brambory ochutíme rozmarýnem, solí a pepřem. Brambory smícháme s máslem a olejem. Vložte do vakuově uzavíratelného sáčku. Uvolněte vzduch pomocí metody vytlačení vody, utěsněte a ponořte sáček do vodní lázně. Vařte 60 minut. Když se časovač zastaví, vyjměte sáček a přeneste jej do velké mísy. Ozdobte máslem a podávejte.

Kari hruška a kokosový krém

Příprava + doba vaření: 1 hodina 10 minut | Porce: 4

Ingredience

2 hrušky zbavené jádřinců, oloupané a nakrájené na plátky
1 lžíce kari
2 lžíce kokosové smetany

Trasy

Připravte si vodní lázeň a umístěte do ní Sous Vide. Nastaveno na 186F.

Všechny ingredience smíchejte dohromady a vložte do vakuově uzavíratelného sáčku. Uvolněte vzduch pomocí metody vytlačení vody, utěsněte a ponořte sáček do vodní lázně. Vařte 60 minut. Když se časovač zastaví, vyjměte sáček a přeneste jej do velké mísy. Rozdělte na talíře a podávejte.

Jemné brokolicové pyré

Příprava + doba vaření: 2 hodiny 15 minut | Porce: 4

Ingredience

1 hlavička brokolice nakrájená na růžičky
½ lžičky česnekového prášku
Sůl podle chuti
1 lžíce másla
1 lžíce husté smetany ke šlehání

Trasy

Připravte si vodní lázeň a umístěte do ní Sous Vide. Nastaveno na 183F. Smíchejte brokolici, sůl, česnekový prášek a hustou smetanu. Vložte do vakuově uzavíratelného sáčku. Uvolněte vzduch pomocí metody vytlačení vody, utěsněte a ponořte sáček do vodní lázně. Vařte 2 hodiny.

Poté, co se časovač zastaví, vyjměte sáček a přeneste do mixéru k pulzování. Okořeníme a podáváme.

Lahodné chutney z datlí a manga

Příprava + doba vaření: 1 hodina 45 minut | Porce: 4

Ingredience

2 kila manga, nakrájené

1 malá cibule, nakrájená na kostičky

½ šálku světle hnědého cukru

¼ šálku datlí

2 lžíce jablečného octa

2 polévkové lžíce čerstvě vymačkané citronové šťávy

1½ čajové lžičky žlutého hořčičného semínka

1½ lžičky semínek koriandru

Sůl podle chuti

¼ lžičky kari

¼ lžičky sušené kurkumy

⅛ lžičky kajenského pepře

Trasy

Připravte si vodní lázeň a umístěte do ní Sous Vide. Nastaveno na 183F.

Smíchejte všechny ingredience. Vložte do vakuově uzavíratelného sáčku. Uvolněte vzduch pomocí metody vytlačení vody, utěsněte a ponořte sáček do vodní lázně. Vařte 90 minut. Když se časovač zastaví, vyjměte sáček a nalijte jej do nádoby.

Salát z mandarinek a zelených fazolí s vlašskými ořechy

Příprava + doba vaření: 1 hodina 10 minut | Porce: 8)

Ingredience

2 kila zelených fazolek, nakrájených

2 mandarinky

2 lžíce másla

Sůl podle chuti

2 unce vlašských ořechů

Trasy

Připravte si vodní lázeň a umístěte do ní Sous Vide. Nastaveno na 186F. Smíchejte zelené fazolky, sůl a máslo. Vložte do vakuově uzavíratelného sáčku. Přidejte mandarinkovou kůru a šťávu. Uvolněte vzduch pomocí metody vytlačení vody, utěsněte a ponořte sáček do vodní lázně. Vařte 1 hodinu. Když se časovač zastaví, vyjměte sáček a přeneste jej na talíř. Vršek posypte mandarinkovou kůrou a vlašskými ořechy.

Krém ze zeleného hrášku s muškátovým oříškem

Příprava + doba vaření: 1 hodina 10 minut | Porce: 8)

Ingredience

1 libra čerstvého zeleného hrášku
1 hrnek šlehačky
¼ šálku másla
1 polévková lžíce kukuřičného škrobu
¼ lžičky mletého muškátového oříšku
4 hřebíčky
2 bobkové listy
Černý pepř podle chuti

Trasy

Připravte si vodní lázeň a umístěte do ní Sous Vide. Nastaveno na 184F. V misce smíchejte kukuřičný škrob, muškátový oříšek a smetanu. Míchejte, dokud kukuřičný škrob nezměkne.

Směs vložte do vakuově uzavíratelného sáčku. Uvolněte vzduch pomocí metody vytlačení vody, utěsněte a ponořte sáček do vodní lázně. Vařte 1 hodinu. Po zastavení časovače vyjměte sáček a vyjměte bobkový list. Slouží.

Jednoduché brokolicové pyré

Příprava + doba vaření: 60 minut | Porce: 4

Ingredience

1 hlavička brokolice
1 hrnek zeleninového vývaru
3 lžíce másla
Sůl podle chuti

Trasy

Připravte si vodní lázeň a umístěte do ní Sous Vide. Nastaveno na 186F.

Smíchejte brokolici, máslo a zeleninový vývar. Vložte do vakuově uzavíratelného sáčku. Uvolněte vzduch pomocí metody vytlačení vody, utěsněte a ponořte sáček do vodní lázně. Vařte 45 minut.

Když se časovač zastaví, vyjměte sáček a vyprázdněte jej. Rezervujte si šťávy na vaření. Vložte brokolici do mixéru a rozmixujte dohladka. Přelijte ji trochou šťávy z vaření. Před podáváním dochuťte solí a pepřem.

Červená chilli brokolicová polévka

Příprava + doba vaření: 1 hodina 25 minut | Porce: 8)

Ingredience

2 lžíce olivového oleje

1 velká cibule, nakrájená na kostičky

2 stroužky česneku, nakrájené na plátky

Sůl podle chuti

⅛ lžičky drcených červených chilli vloček

1 hlavička brokolice nakrájená na růžičky

1 jablko, oloupané a nakrájené na kostičky

6 šálků zeleninové polévky

Trasy

Připravte si vodní lázeň a umístěte do ní Sous Vide. Nastaveno na 183F.

Rozpalte pánev na středním plameni s olejem, dokud se nebude třpytit. Cibuli, 1/4 lžíce soli a česnek dusíme 7 minut. Přidejte chilli vločky a dobře promíchejte. Odstraňte z tepla. Necháme vychladnout.

Vložte jablka, brokolici, cibulovou směs a 1/4 lžíce soli do vakuově uzavíratelného sáčku. Uvolněte vzduch pomocí metody vytlačení vody, utěsněte a ponořte sáček do vodní lázně. Vařte 1 hodinu.

Když se časovač zastaví, vyjměte sáček a přeneste jej do nádoby. Zalijeme zeleninovou polévkou a rozmixujeme. Dochutíme solí a podáváme.

Hřebíček miso kukuřice se sezamem a medem

Příprava + doba vaření: 45 minut | Porce: 4

Ingredience

4 zrnka kukuřice

6 lžic másla

3 lžíce červené miso pasty

1 lžička medu

1 lžička nového koření

1 polévková lžíce řepkového oleje

1 šalotka, nakrájená na tenké plátky

1 lžička pražených sezamových semínek

Trasy

Připravte si vodní lázeň a umístěte do ní Sous Vide. Nastaveno na 183F. Očistěte kukuřici a nakrájejte klasy. Každou kukuřici potřete 2 lžícemi másla. Vložte do vakuově uzavíratelného sáčku. Uvolněte vzduch pomocí metody vytlačení vody, utěsněte a ponořte sáček do vodní lázně. Vařte 30 minut.

Mezitím smíchejte v misce 4 lžíce másla, 2 lžíce miso pasty, med, řepkový olej a nové koření. Dobře promíchejte. Dáš to stranou, ignoruješ to. Když se časovač zastaví, vyjměte sáček a opečte kukuřici. Navrch rozetřete miso směs. Ozdobte sezamovým olejem a jarní cibulkou.

Krémové noky s hráškem

Příprava + doba vaření: 1 hodina 50 minut | Porce: 2

Ingredience

1 balení noků
1 lžíce másla
½ na tenké plátky nakrájené sladké cibule
Sůl a černý pepř podle chuti
½ šálku mraženého hrášku
¼ šálku husté smetany
½ šálku strouhaného sýra Pecorino Romano

Trasy

Připravte si vodní lázeň a umístěte do ní Sous Vide. Nastaveno na 183F. Noky vložte do vakuově uzavíratelného sáčku. Uvolněte vzduch pomocí metody vytlačení vody, utěsněte a ponořte sáček do vodní lázně. Vařte 1 hodinu a 30 minut.

Když se časovač zastaví, vyjměte sáček a odložte jej stranou. Na středním plameni rozehřejte pánev s máslem a 3 minuty smažte cibuli. Přidejte mražený hrášek a smetanu a přiveďte k varu. Gnocchi smícháme se smetanovou omáčkou, dochutíme pepřem a solí a podáváme na talíři.

Medový salát s jablky a rukolou

Příprava + doba vaření: 3 hodiny 50 minut | Porce: 4

Ingredience

2 lžíce medu
2 jablka zbavená jádřinců, rozpůlená a nakrájená na plátky
½ šálku vlašských ořechů, opečených a nasekaných
½ šálku strouhaného sýra Grana Padano
4 šálky rukoly
Mořská sůl podle chuti

<u>Obvaz</u>
¼ šálku olivového oleje
1 lžíce bílého vinného octa
1 lžička dijonské hořčice
1 stroužek česneku, nasekaný
Sůl podle chuti

Trasy

Připravte si vodní lázeň a umístěte do ní Sous Vide. Nastaveno na 158F. Med dejte do skleněné misky, zahřívejte 30 sekund, přidejte jablko a dobře promíchejte. Vložte do vakuově uzavíratelného sáčku. Uvolněte vzduch pomocí metody vytlačení vody, utěsněte a ponořte sáček do vodní lázně. Vařte 30 minut.

Když se časovač zastaví, vyjměte sáček a umístěte jej na 5 minut do lázně s ledovou vodou. Dejte na 3 hodiny do lednice. Všechny ingredience na zálivku smícháme v dóze a dobře protřepeme. Necháme chvíli vychladit v lednici.

V misce smíchejte rukolu, vlašské ořechy a sýr Grana Padano. Přidejte plátky broskve. Nahoře s dresinkem. Dochuťte solí a pepřem a podávejte.

www.ingramcontent.com/pod-product-compliance
Lightning Source LLC
Chambersburg PA
CBHW071235080526
44587CB00013BA/1629